MIRADAS DE ASIA
-1-
NEPAL

Juan Luis Salcedo Miranda

Título: Miradas de Asia -1-. NEPAL
© 2023 Juan Luis Salcedo Miranda
1ª edición: diciembre de 2023
© Fotografías: Colección Juan Luis Salcedo Miranda
© Diseño de portada: Juan Luis Salcedo Miranda

A Enara, Fernando y Gerardo,
que tienen todo un mundo por descubrir.

ÍNDICE

PRÓLOGO

Quiero resaltar lo honrado que me siento al participar en esta obra de Juan Luis Salcedo, que ha sido mi familia lejos de mi humilde tierra, la que él aprecia tanto y de la que está locamente enamorado como se deduce en los capítulos del libro. Bien sea de sus elevados picos con su impactante hermosura o de la pureza de la sonrisa de sus habitantes, no imagino a nadie mejor para captarla y describirla en este libro que Juan Luis, quizás uno de los españoles más conocedores de Nepal, siempre con su cámara atenta para captar lugares espectaculares y la mirada curiosa de la gente. Miradas de Nepal me ha parecido realmente una obra maestra que merece resaltar. Una joya auténtica para un mero lector o un amante de la montaña que esté buscando una buena guía para recorrer Nepal y conocer sus costumbres tan complejas o distinguir las numerosas etnias de sus habitantes. Solo un amante de las montañas, como lo es Juan Luis, puede llegar a retratar esa esencia. A veces me siento asombrado, ya que su conocimiento sobre mi país natal supera con creces mi propio conocimiento. La profundidad de este libro no reside únicamente en fotos de montañas, caminos, templos y estatuas repartidos por todo el país, publicados en otros libros. En esta ocasión hace hincapié en la gente mostrando sus dulces sonrisas ante su cámara fotográfica, aunque Nepal es un compendio de todo el conjunto.

Juan Luis Salcedo ha abierto su corazón y sus sentimientos al escribir este libro. Además de un gran montañero Juan Luis es también una persona muy afectuosa que me acogió como un miembro más de su familia, dado que el destino cruzó nuestros caminos allá en el año 1991 a mi llegada a

Madrid como becario, para estudiar Ciencias Empresariales en la Universidad Complutense. Puedo decir orgullosamente que soy su amigo nepalí favorito junto con el Sirdar Chowang Rinjee de sus expediciones. Nuestra amistad, desde el más profundo respeto hacia él dada mi juventud en aquella época, se fue forjando poco a poco y aun habiendo pasado los años se mantiene, y ahora, con las nuevas tecnologías, no importa el tiempo ni el lugar en el que estemos, la comunicación y la amistad se mantienen.

Nuestro último encuentro este mismo año en Katmandú nos permitió disfrutar del casco antiguo de nuestra ciudad preferida y una típica cena Newar, casta a la que yo pertenezco. Quizás ese amor hacia esta tierra mía, Nepal, y su gente me han hecho merecedor de su cariño y amabilidad y me han brindado la gran oportunidad de acompañarle en numerosas ocasiones, a sus viajes por la sierra de Madrid y sus alrededores, escalar, hacer esquí de fondo y numerosas otras actividades en la mejor compañía, la de la familia Salcedo.

Inolvidable fue para mi nuestra escalada al Naranjo de Bulnes en los Picos de Europa. Todas estas aventuras que hemos vivido juntos y que aún nos quedan por disfrutar y la amistad que nos une, insisto, es todo un honor que me haya pedido que le prologue el libro, que espero y deseo que tenga el éxito que merece.

Ujjal Tamrakar
Texas, noviembre de 2023

INTRODUCCIÓN

He acudido a la mayoría de los países para escalar o ascender montañas y como en el caso de Nepal, me ha permitido a su vez, contemplar la sociedad en la que viven sus habitantes. Las cámaras fotográficas utilizadas han sido, por este motivo, compactas y de poco peso. En contadas oportunidades he llevado una réflex analógica, cuando no existían las cámaras digitales. Las utilizadas para las fotografías que aparecen en el libro de las fotos de los años 1989 a 2004 están tomadas con las analógicas: Olympus XA2 35mm compacta y una Pentax Espío 105SW 35mm Ultra Compact 28-105. Cuando entramos en la era digital, las cámaras utilizadas fueron por este orden. Canon PowerShot G10 6.1-30.5 / 1:2.8-4.5. y Sony A6000 E 3.5-5.6 / 18-135.

Como se puede comprobar, si exceptuamos las Sony A6000, las fotografías se pueden sacar con cámaras de media gama, lo importante es la mirada del fotógrafo, pararse en el lugar apropiado unos segundos y encuadrar la foto pensando en el resultado.

El secreto es el entusiasmo por la fotografía, que nos proporciona un sinfín de satisfacciones, sobre todo cuando disfrutamos en casa de lo acontecido y eso lo tenemos ahora en nuestra retina y los discos duros.

Han sido bastantes los viajes a Nepal a lo largo de treinta y tres años en los que he ido tomando fotos, no solo de las montañas y templos, si no de los habitantes de ese interesante país. Cuando he repasado los archivos fotográficos, me he dado cuenta de los aspectos humanos que he ido recogiendo y cada uno de ellos tenía su significado y una historia detrás. Me traía a la memoria aquellas ciudades de escaso tráfico y bastante pobreza, que han ido evolucionando por fortuna y progresando. En este tiempo Nepal ha pasado por una guerra civil, donde el terrorismo y la inseguridad impidió el progreso, y también desapareció una antigua monarquía. Estuve el invierno de 1991 en la celebración de las primeras elecciones democráticas. También estuve presente el año en que se llegó a la tregua con la guerrilla maoísta para la celebración de elecciones, en las que ganaron los maoístas. Nepal entró en un periodo negro retrocediendo unos pocos años más, mientras sus vecinos chinos e indios, avanzaban a velocidad de crucero. Lo pude comprobar en el viaje que hice en 2011, cuando las calles estaban destrozadas, llenas de baches y todo más empobrecido. Los maoístas habían hecho bandera de acabar con la corrupción monárquica, sin embargo, la corrupción había progresado haciendo inviable el país. En el aeropuerto tanto a la llegada como en la salida, los aduaneros, unos muchachos jóvenes medio analfabetos, nos pidieron dinero para dejarnos tranquilos.

El terremoto del año 2015, con la destrucción y el caos, fue una liberación para los nepaleses, porque el inculto gobierno maoísta, dejó el poder al no saber gestionar la tragedia. Tres años después vi por primera vez después de muchos años, que Nepal progresaba poco a poco. Amigos nepaleses me confirmaron que al menos el gobierno les dejaba tranquilos y la sociedad era capaz de avanzar sin ayuda.

En el año 2023 he vuelto a este país tan querido y el salto hacia adelante ha sido considerable, las calles se han asfaltado y los edificios deteriorados cada vez son menos. Aunque el nivel de vida ha subido, cada vez resulta más difícil la vida de las clases más desfavorecidas, porque los precios se han disparado, algo que viene sucediendo en casi todo el mundo, desde que los alimentos han pasado a ser un producto de la especulación.

1 La imponente mole del Everest.

CAPÍTULO I

NEPAL Y SUS HABITANTES

La mole impresionante del Everest domina la frontera septentrional del reino del Nepal, el Estado de mayor superficie de la barrera del Himalaya. Este país se extiende unos 800 km a lo largo del sector central de la cordillera, con una superficie que es la cuarta parte de España. Cuenta con una población superior a los treinta millones de habitantes. Ocho de los grandes picos de más de ocho mil metros se encuentran dentro de su territorio

Nepal ilustra la paradoja de un país en el que las defensas naturales, al tiempo que lo aíslan, forman una encrucijada de comunicaciones que facilitan la aproximación entre pueblos y culturas. Aunque entre los nepaleses se observa una amplia diversidad étnica y cultural, les une su sentimiento de pertenecer a un país y la conciencia de ser distintos de quienes habitan en India y China, sus dos grandes vecinos.

Situado en la línea divisoria entre los pueblos meridionales de origen básicamente caucásico, y las gentes mongoloides de habla tibeto-birmana, hace miles de años que Nepal constituye una zona de encuentro de culturas y razas. Por si ello fuera poco, el límite entre el hinduismo de la India y el budismo Mahayana del Tíbet pasa por este país. Las dos grandes religiones se encuentran y mezclan en muchas regiones, pero especialmente en el valle de Katmandú, corazón cultural y político del Nepal.

La población es un conglomerado de grupos étnicos con sus propias lenguas, culturas y, no obstante, la sociedad nepalí se ha acomodado siempre a nuevos pueblos y a sus valores, el mutuo respeto ha sido la base de la armonía social que se percibe en este enclave del Himalaya. →

2 El intenso verde de los campos de arroz a la altura de Besisahar, destaca con los colores pardos de la figura de la campesina. Agosto de 2007.

3 Posiblemente un bramín o chhetri, ensimismado en la espera. Patán, mayo de 2017.

4 Mujer Gurung, caminando hacia Himalkyu en el valle de Kim-rong. Abril de 2023.

La orografía del territorio ha condicionado la historia, la economía y la distribución de la población. Sólo el catorce por ciento de las tierras están cultivadas, en la mayoría de los casos en parcelas aterrazadas. La zona más rica es el valle de Katmandú y las llanuras del Terai interior. Otro trece por ciento es útil para pastos y el treinta y dos por ciento está cubierto de bosques.

Los primeros pobladores de Nepal fueron kiratis, tribus mongoles que llegaron en el siglo VII a.c. y se establecieron en la región central del país. Actualmente están integrados en diferentes pueblos de lengua tíbeto-birmana. Las principales etnias que lo componen, son los gurung, magar, tamang, rai, limbu, sherpas y otras poblaciones establecidas en extensos sectores de elevaciones medias, subsistiendo de la agricultura y ganadería. Todas estas tribus poseen lenguas propias, y entre ciertos grupos hay incluso varios dialectos mutuamente ininteligibles.

Tanto los magar como los gurung figuran en lugar destacado de la historia nepalí y cuentan con un glorioso pasado castrense al servicio de los monarcas de la dinastía Gorkha. Su sociedad es básicamente igualitaria y en los poblados de la montaña existen pocas distinciones basadas en la riqueza, son campesinos autónomos que cultivan arroz, mijo, trigo y patatas, en el territorio central y oeste de Nepal, adaptándose a las culturas del entorno.

Los rai, son similares en muchos aspectos a los magar, viven más al norte en la cuenca del Kali Gandaki, son labradores y sobre todo pastores de ovejas, obligados a un trabajo de subsistencia por vivir en un territorio montañoso de fuertes desniveles.

5 Los puentes que cruza esta mujer magar en las montañas de Nepal, han mejorado a lo largo de los últimos 30 años, el piso ya no son tablones inestables de madera.
Agosto de 2007.

Muchos magar y gurung han ingresado en los regimientos gurkhas de los ejércitos británico e indio, sirviendo fuera del Nepal en calidad de soldados profesionales y sus emolumentos han contribuido sustancialmente a la prosperidad de las aldeas de origen. Si el grueso de la población gurung y magar se concentra en unos cuantos distritos del Nepal central y occidental, los rai y limbu viven con preferencia en las regiones orientales.

Los limbu son kirati, los pueblos nativos de la región del Himalaya, establecidos en el este de Nepal, el norte de Sikkim y el oeste de Bután. La lengua limbu es una de las pocas de origen chino-tibetanas del Himalaya central que posee escrituras anteriores al siglo XX. Los limbus practican la agricultura de subsistencia tradicional, se suelen casar dentro de su propia comunidad, aunque el matrimonio fuera del clan también es posible. Los matrimonios son en su mayoría arreglados por los padres. En ese sistema, la mujer puede pedir cualquier cosa, incluyendo cualquier cantidad de oro y plata. Esto se practica para confirmar que el hombre es lo suficientemente seguro financieramente para mantener holgadamente a la novia.

Los tamang habitan zonas muy amplias tanto al este como al oeste de Katmandú. Los que residen cerca de la capital ocupan tierras marginales, donde subsisten precariamente con la agricultura y el trabajo asalariado, también se dedican a la artesanía y carpintería, pero sobre todo al oficio de porteadores. Los podemos ver con las grandes *dokos* (cestas) sobre sus espaldas sujetas con una tira de cinta sobre la frente por todos los caminos de Nepal, porteando pesadas cargas. Sin embargo, los tamang de las regiones orientales siguen siendo propietarios de las tierras de sus antepasados. →

6 Todavía recuerdo nuestros pueblos con las mujeres socializando a las puertas de sus casas rodeadas de hijos. Todavía se pueden ver estos grupos de mujeres newars en las calles de Bhaktapur. Agosto de 2011.

Los thakalis son comerciantes asentados en el curso superior del Kali Gandaki, budistas e hinduistas que se han mantenido aparte entre pueblos muy diferentes. Desde antiguo se dedicaron al comercio, la política, y la enseñanza. Su prosperidad se debe al sistema de ayuda dentro del clan, un grupo de amigos o parientes aportan una cierta cantidad de dinero y uno de ellos utiliza el préstamo para invertir como lo considere oportuno, su única obligación es contribuir de la misma manera dentro de su grupo, una forma de autofinanciación que prescinde de intereses con un amplio sentido de visión. En sus poblados también cultivan con esmero el terreno en cuidadas terrazas.

Más al sur, situados en el centro del fértil valle de Katmandú y dispersos por la práctica totalidad de las tierras bajas, hasta la frontera con la India, está ocupada por brahmanes, thakuris, chhetris y otras castas hindúes. Muestran afinidades raciales, culturales y lingüísticas con los indios septentrionales, con costumbres religiosas muy semejantes a las castas superiores del gran vecino meridional.

Los newar son el pueblo de lengua tíbeto-birmana más importante por su historia y cultura. Fueron los creadores de la avanzada civilización urbana del valle de Katmandú, la capital fue históricamente estación obligada de paso de la mayor ruta comercial entre la India y Tíbet. Sus manifestaciones artístico-religiosas evidencian una mezcla de elementos hindúes y budistas, y sus monarcas dominaron el corazón del Nepal hasta su derrocamiento en el siglo XVIII por la dinastía Shah. Los newars constituyen un sector importante en las ciudades de Katmandú, Patán y Bhaktapur.

7 Calles de Baktapur. Agosto de 2011.

El excepcional legado socio-religioso de los newars, nacido de una civilización desarrollada en la Antigüedad y el Medievo, ha podido conservarse pese a las influencias foráneas en los dos últimos siglos.

La mayoría newar vive aún en grandes grupos familiares. Sus poblados con casas de dos y tres plantas, construidas en ladrillo formando callejuelas angostas, tienen siempre un carácter típicamente urbano, incluso en aquellos casos en que sus habitantes viven en el campo en arrozales irrigados de las inmediaciones. Las poblaciones de los newar han conservado gran parte de sus características tradicionales, como las plazas espaciosas rodeadas de templos, fuentes y muchas estatuas religiosas interrumpiendo ocasionalmente el laberinto de los callejones oscuros.

Mis amigos newar, me han demostrado esa capacidad de adaptación a los nuevos tiempos, su inteligencia natural y educación les ha permitido labrarse un porvenir fuera del país. Afortunadamente su amistad se mantiene a lo largo de estos treinta y tres años, desde que los conocí a raíz de las expediciones al Everest en las que participé.

Pasear sin prisas por las calles de Katmandú entre el bullicio de los comercios y la amabilidad de sus gentes. Sentarse en lo alto de un templo a contemplar las esmeradas tallas de madera de los tejados y ventanas, es uno de los motivos que impulsa al viajero a quedarse más días de lo previsto.

8 Joven chhetri estrenando un bonito salwar-kameez. Abril de 2023

La fusión de elementos budistas e hindúes permite a las familias newar, recurrir a sacerdotes de ambas religiones para el cumplimiento de sus ritos domésticos. Los actos rituales suelen llenar las calles y plazas de las poblaciones newars con animadas multitudes, procesiones pintorescas y bandas de músicos que baten tambores y tocan la flauta.

Las bodas siguen las costumbres de casta y aunque existen matrimonios por amor, pero son minoritarios y son las madres a través de las casamenteras que registran detalladamente en sus cuadernos los nacimientos y la casta y subcasta a la que pertenecen. Esto servirá para elegir marido o mujer a las madres, cuando consideren que es el momento oportuno para los enlaces.

Aunque su antiguo sistema de escritura y sus obras literarias atraviesan un momento crítico, lo cierto es que la lengua newar sigue siendo un medio de identificación importante. El hecho de que en las comunidades montañesas más remotas se conozca el nepalí, no impide que incluso en el valle de Katmandú haya núcleos cuyas mujeres sólo hablan el newari.

Durante siglos, la jungla pantanosa e insalubre del Terai, aisló por el sur a Nepal, así como por el norte lo hacían las altas montañas de la Cordillera del Himalaya. En esta región es donde viven los tharus, uno de los pueblos más antiguos asentados en la franja del Terai. En las llanuras fronterizas con la India, viven en aldeas dispersas, son buenos agricultores, aplicando un complejo y bien mantenido sistema de riego tradicional. De piel oscura, sus mujeres destacan por la belleza y elegancia, gustosas de lucir las joyas que profusamente adornan su cuerpo.

→

9 Camino de Manang, nos cruzamos con dos mujeres Bhotia (as-cendencia tibetana) con aspecto de cansadas. Desconozco de donde venían y a donde iban, pero estuve seguro de que sus distancias eran diferentes a las nuestras.
Agosto de2007.

Pocos pueblos han tratado de invadir el Nepal, si exceptuamos una guerra con los tibetanos y otra con los ingleses el siglo XIX sin embargo Nepal si tomó territorios del Norte de la India y de Sikkim, que fueron devueltos posteriormente. El terreno abrupto y las ya citadas fronteras naturales, a la par de la valentía y dureza de sus habitantes, propiciaron la independencia del reino.

Un grupo diferenciado de habla tíbeto-birmana lo componen los bhotia, también llamados lamas por los nepaleses. Son tibetanos desplazados a Nepal, dispersos por las regiones más altas e inhóspitas del Himalaya. Muchos de ellos proceden de la meseta del Tíbet y presentan claras semejanzas físicas, lingüísticas y religiosas con los vecinos del norte. Cultivan cebada, trigo y patatas; crían rebaños de yaks, ovejas y cabras, y practican el comercio por regiones muy extensas. Los bhotia de diversas regiones fundaron centros budistas que constituyen el punto focal de su vida religiosa. Solían mantener vínculos muy estrechos con mercaderes y monasterios del Tíbet, pero los cambios producidos en aquel país desde la ocupación china han cortado los antiquísimos contactos sociales y culturales, reduciendo el comercio a un simple intercambio de géneros en determinados puestos fronterizos.

Los sherpas es quizás el pueblo más conocido, asentados sobre la región de Solokhumbu, es un pueblo reducido dado las características del terreno, valles altos y pobres, tampoco el ganado dispone de buenos pastos por lo que no puede mantener a una población prospera, por esta razón los sherpas desarrollaron un estilo de vida de movilidad constante en sus actividades económicas, sociales y culturales. →

10 Joven Gurung con el traje tradicional.

11 Gorkhas con el traje tradicional. Abril de 2023.

12 Mujeres sherpas en Namche Bazar. Mayo de 2017.

El comercio y más recientemente el turismo, junto con las expediciones a sus montañas, está permitiendo un progreso como no habían conocido en su historia

Uno de los recorridos más interesantes que se pueden realizar en Nepal, es el camino hasta Namche Bazar, capital del pueblo sherpa y conocer sus alrededores. Si disponemos de los días suficientes como para caminar sin prisas por el valle de Solokhumbu, podremos conocer a los sherpas un pueblo excepcional. El pueblo Sherpa, tiene su origen en la provincia de Kan en el Tíbet Oriental. Se sabe poco de su historia, pero se cree que dejaron Kan a finales del siglo XV, debido a las presiones políticas y militares de los vecinos chinos o bien por razones religiosas. El nombre sherpa viene de las palabras *Shar* que significa Este y *Pa* que significa Gente. Se asentaron por un breve espacio de tiempo en la zona tibetana sur central antes de cruzar los pasos del alto Himalaya, el Nangpa La y él Lo La, para alcanzar el valle de Solokhumbu. Esta primera emigración, creó el sistema de Clan sherpa. Dos oleadas más llegadas entre 1750 y 1850 les obligaron a descender hacia la región de Solo.

Durante el siglo IX la economía sherpa se revitalizó, atribuyéndose esta circunstancia al cruce accidental del yak y la vaca y a la introducción de la patata dentro de su sistema agrícola. El animal producto del cruce, llamado zopkiok, proporcionaba mayor producción de leche, vivía más tiempo y toleraba altitudes más bajas convirtiéndose así en una nueva fuente de comercio con el Tíbet. Pero lo que más afectó los sistemas y nivel de vida de la sociedad sherpa, fueron las expediciones de los países occidentales que, a partir de 1950 iniciaron el camino hacia el macizo del Everest. Su vida seminómada como pastores y comerciantes cambió por el desarrollo del turismo y el trekking.

13 Joven sherpa en el C.B. del Everest. Abril de 1992.

Ahora siguen viajando, como lo han hecho durante siglos, por los glaciares de Khumbu y por los altos pasos entre Nepal y Tíbet, pero las caravanas comerciales de yaks se van sustituyendo por caravanas de suministros para las expediciones y excursionistas.

Namche Bazar ha cambiado considerablemente durante los últimos cuarenta años incrementado sustancialmente el número de habitantes, y la construcción de *lodges*, restaurantes y tiendas en sus huertos, habiendo evolucionado su economía tradicional de agricultores y pastores. Namche Bazar sigue siendo una hermosa aldea a 3.400 metros de altitud, levantada en un anfiteatro natural que domina un profundo desfiladero.

He acudido en varios viajes a Namche Bazar y he caminado por los valles aledaños y tengo los mejores recuerdos. Vivir allí es duro, la altura castiga y por muy en forma que se esté, se nota que no estamos acostumbrados a vivir a 3.400 m. Pero cuando se levantan los ojos para mirar las montañas, no hay otro momento comparable. Aquellos amaneceres luminosos y los atardeceres con el sol dorando las cumbres, son instantes sublimes que solo se pueden disfrutar en aquellos territorios.

El carácter montañoso de casi todo Nepal y la falta de buenas comunicaciones han supuesto un grave obstáculo para el progreso tecnológico. Sin embargo, teniendo en cuenta estas limitaciones, el nivel de vida del aldeano medio supera al de los agricultores de subsistencia de algunos países asiáticos.

14 Un pujari (adivino) brahmín o chhetri, con el "munja" el hilo sagrado que llevan los varones brahmanes y chhetris desde la pubertad, realizando sus predicciones en Pashupatinath donde se puede contemplar la intensa vida de los hindúes.
Agosto de 2011.

Prácticamente todos los campesinos nepalíes residen en casas sólidas y de buena construcción; salvo en la rara eventualidad de sequías y las subsiguientes pérdidas de cosechas, la inmensa mayoría de los habitantes están bien alimentados.

Nepal con más de treinta y seis lenguas, media docena de religiones y otras tantas razas, da un ejemplo de convivencia, de respeto por el vecino que bien podría aprender la atormentada Europa.

Por vivir en un medio que exige vigor físico e ingenio, los montañeses del Nepal están acostumbrados a resolver por sí solos cualquier problema. Si bien los vecinos de Katmandú quizá no sean más robustos que otros habitantes urbanos, pero sí son capaces de cargar y esforzarse mucho más.

La gran mayoría de nepalíes viven en aldeas y están acostumbrados a recorrer grandes distancias a pie, muchas veces cargados con fardos que alcanzan su propio peso, que deben transportar por un terreno muy accidentado. El nomadismo de temporada es una forma de vida no sólo para quienes participan en el comercio con el Tíbet, sino también para los propietarios de rebaños de vacas y ovejas que deben trasladar al ganado de las dehesas de invierno a los pastos de verano, y viceversa.

La decisión con que se soportan las incomodidades de estos movimientos periódicos de la trashumancia, justifica la fama de sufridos, duros y resistentes de los nepalíes, acrecentada por el valor de que hicieron gala los soldados incorporados a regimientos británicos de gurkhas en las dos guerras mundiales.

15 Mujer bhotia porteando por el distrito de Gorkha.

16 Jóvenes rai camino del puerto de Thasi Lapcha.
Mayo de 2017.

*17 Porteadora gurung. Valle de Kyunnu Khola.
Abril de 2023.*

A pesar de la oleada turística, Nepal conserva su propia personalidad y justamente esto es lo que atrae y sorprende al visitante, en especial la amabilidad sin sombra de servilismo, tolerancia, buen humor y la notable confianza en sí mismos, acompañada de una inventiva digna de admiración. Los turistas son pronto asimilados entre el bullicio de las calles y de los comercios. Sentarse en lo alto de un templo y contemplar ese abigarrado mosaico de etnias y vestimentas hace meditar sobre el concepto de regionalismos agresivos y nacionalismos victimistas intransigentes.

El valle ha estado cerrado al mundo occidental hasta mediados del siglo XX y contrasta cómo sus habitantes se han adaptado a pasos agigantados a la tecnología del siglo XXI sin los traumas de otros países menos aislados, gracias a la comprensión emanada de su cultura.

Es tan grande la variedad étnica y cultural del país nepalí, que resulta difícil atribuir unas características concretas a la generalidad de sus habitantes. El mismo valle de Katmandú comprende un esquema variadísimo de elementos diferentes. Aunque sólo tiene unos 650 kilómetros cuadrados, ha sido escenario de un florecimiento cultural comparable sin desdoro al de civilizaciones tan brillantes como la india o la tibetana. Embellecidas con templos y palacios, sus ciudades fueron lugar de encuentro entre sus vecinos, y este cometido de enlace de mundos diferentes dio por resultado una síntesis de elementos culturales heterogéneos y también produjo un notable espíritu de tolerancia.

18 La mirada del niño, abstraído con algo que le ha llamado su curiosidad y el equilibrio de colores, me llamó la atención. Katmandú, febrero de 1991.

CAPÍTULO II

LA INFANCIA

La sociedad nepalí es en gran medida patriarcal. Como en la vecina India, en casi todos los grupos de castas y étnicos existe el sistema de preferencia por el hijo varón, y los niños gozan de una consideración mucho mayor que las niñas, otorgándoles primacía en lo que respecta a la educación.

A pesar de que la educación en Nepal es gratuita y obligatoria entre los seis y los once años, sin embargo, esto no se cumple y muchos niños dejan la escuela antes cumplir los once, existiendo una gran diferencia entre la asistencia de niños y niñas, debido a ciertas costumbres que dictan el matrimonio temprano de las niñas y favorecen la educación de los niños. Por otra parte, el sistema educativo es también deficiente por la falta de profesores e infraestructuras.

A pesar de esto, se han logrado importantes progresos en las esferas de la educación. La escolarización se ha extendido a amplias capas de la población, especialmente de los niños de grupos desfavorecidos. Para estos grupos, la educación es la base para su progreso social ya que esta población se queda a la zaga por lo que respecta al desarrollo económico y social.

La escolarización es algo importante para las familias y los niños saben apreciarlo. Cuando tienen oportunidad muestran sus cuadernos pulcramente escritos con buena letra y tratan de intercambiar algunas palabras en inglés, orgullosos de sus conocimientos.

19 *"Incluso al mediodía el mundo está en tinieblas para aquellos que no saben reír". Thiruvalluvar.*
Katmandú, agosto de 2007.

20 Un fotógrafo no puede resistirse a plasmar la felicidad de los colegiales. Bhaktapur, agosto de 2007

21 Estas niñas chapurreando el inglés, bromeaban para sacarnos algún caramelo. Estaban convencidas de que los turistas siempre llevan cosas para regalar. Pashupatinath, febrero de 1991

La ideología patriarcal significaba que únicamente los hijos podían heredar los bienes del padre. En los últimos años la cuestión de la igualdad de derechos respecto de la propiedad se ha ido adaptando hacia la igualdad y en consecuencia se ha enmendado en el Código Civil Nacional. La ley reconoce a la mujer como copartícipe en materia de herencia.

En los grupos étnicos tibetano-birmanos, se pueden observar unas relaciones entre los sexos relativamente igualitarias, en los que las mujeres desempeñan una función importante en la toma de decisiones en el hogar.

La población de Nepal menor de edad es muy abundante, aunque la natalidad anual de la población en los últimos años se ha ralentizado. La mortalidad también ha descendido, la esperanza de vida ha aumentado notablemente, ha pasado de cuarenta y dos a sesenta y siete años, aunque las cifras oscilan según diversas fuentes.

Por otra parte, el desarrollo humano de los dalits (intocables), no ha mejorado mucho en esferas tales como la salud y la mortalidad infantil, sin embargo, en las ciudades tienen mejores esperanzas de progreso.

Por lo que he observado, en Nepal los niños se desarrollan en un ambiente de cariño y sus padres les dejan moverse con tranquilidad por el entorno. No he encontrado malos modos o niños caprichosos, aunque los haya; es la generalidad de una sociedad que posee una cultura donde cada individuo sabe su posición, y eso se aprende desde la infancia.

22 Cuando caminaba por las calles de Bagarchap, la niña se asomó con cara de interrogación, qué pensaría cuando paré a sacarle la foto. Agosto de 2007.

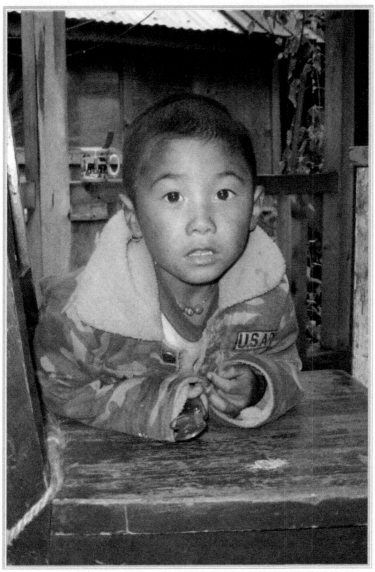

23 Este niño manangi del valle de Udipur, disfruta de buena posición, su padre regenta un batti frecuentado por los turistas.

24 "Dime y lo olvido, enséñame y lo recuerdo, involúcrame y lo aprendo".
Valle de Solokhumbu. Abril 2023.

El trabajo infantil en Nepal, es todavía una costumbre y un medio de vida para la supervivencia de las familias pobres. Más del veinticinco por ciento de las niñas trabaja cada día, frente al diecisiete por ciento de los niños, puesto que estos últimos representan el futuro familiar y por ello suelen ir a la escuela. Estos trabajadores infantiles lo hacen voluntariosos para ayudar a sus familias y trabajan en condiciones peligrosas para criaturas de corta edad que no pueden valorar los peligros como un adulto. Sus labores varían según el trabajo: pueden ser chatarreros, trabajar en fábricas de ladrillos, tejedores, en las industrias de alfombras o limpiando casas.

Además de las condiciones económicas, existen aspectos culturales que contribuyen al crecimiento de la explotación infantil, pero el fenómeno disminuye a medida que aumenta el nivel de educación de los padres. La mentalidad de parte de la sociedad considera normal el trabajo de los niños. Es costumbre aceptada que los empleadores de niños, suelen percibir el vínculo como una relación de beneficio mutuo, ofreciéndoles a los niños alojamiento, educación y un salario para sostener a sus familias. Otro aspecto problemático ha sido el sistema *kamalari*. Pese a que la servidumbre por deudas ha existido durante siglos en Nepal, en el pasado siglo, cuando la erradicación de la malaria en el Terai llevó a migrantes de varias partes del país a ocupar tierras tradicionalmente pertenecientes a la etnia Tharu, que no disponían de un registro legal de la propiedad de sus parcelas, estos fueron obligados a trabajar como agricultores para los nuevos terratenientes y muchos se endeudaron. Muchas niñas tharu fueron vendidas u obligadas a trabajar para pagar las deudas de sus familias. Fueron años de esclavitud, violencia y abuso. Al kamalari se puso fin en el año dos mil, por las autoridades de Nepal.   →

25 "La felicidad es la actitud con la que se viaja por la vida".
Gandruk, abril de 2023.

26 El niño gurung miraba ensimismado como otros niños mayores jugaban con un balón. Gandruk, abril de 2023.

27 Niños del pueblo de Rimijung.

El Gobierno de Nepal ha aprobado numerosas leyes en los últimos años para frenar el trabajo infantil y se han producido algunas pequeñas mejoras. Sin embargo, a pesar de los esfuerzos de organizaciones gubernamentales y a la ratificación de numerosas leyes, el trabajo infantil sigue presente, tolerado y visto por muchas familias como una oportunidad para salir de la pobreza por sus beneficios económicos inmediatos. Todo esto sin darse cuenta de que trabajar desde una edad muy temprana afecta negativamente la salud y en última instancia a su futuro.

La vida de los niños de las montañas cuyos padres no se dedican a negocios relacionados con el turismo, suele ser dura. Lo primero es la normal falta de higiene, dado que el frío y la ausencia de agua corriente lo dificulta. Luego está el trabajo en el campo, es frecuente ver a críos de ocho o diez años pastorear solos el ganado, o portear cargas, creándoles una gran responsabilidad familiar. Eso se les nota en la mirada, la tienen de adulto y no suelen sonreír apenas.

Sin embargo, la escolarización ha llegado a muchas aldeas y después de hacer las tareas obligatorias con los animales, los niños acuden a la escuela caminando a veces más de una hora por los senderos, haga frío o calor, llueva o nieve. Así los he visto tantas veces, contentos de poder aprender y relacionarse con sus compañeros. También hay que destacar el respeto que se tiene al profesorado, tanto por los escolares como por los padres, para ellos es una bendición que enseñen a sus hijos y lo saben apreciar.

28 La riqueza de los pobres son sus hijos.
Katmandú, septiembre de 1992.

*29 En el camino de la frontera de Kodari, entre el barro del mon-
zón. Agosto de 1990.*

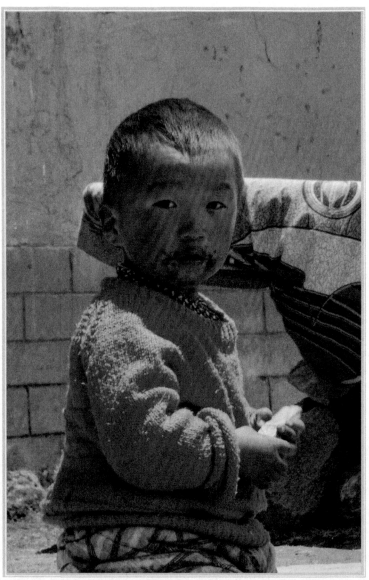

30 El niño mira con sorpresa a la persona que le ha dado una galleta. Se puede dar algo a los demás. No siempre es necesario recibir antes de dar. Dole, valle de Dukh Khosi. Mayo de 2017.

En los pueblos de montaña, los padres ocupados en las penosas tareas de la supervivencia permiten a los niños deambular por donde quieren, muchas veces metiéndose en dificultades que no pueden resolver. Afortunadamente, los vecinos suelen solucionar este parcial abandono y sacar adelante a los chiquillos. Los hermanos mayores tienen esta responsabilidad como apuntamos en el capítulo IV.

En Nepal las cuestiones culturales marcan mucho, sobre todo en zonas rurales y es donde más se mantienen los matrimonios concertados. Una niña es un lastre para una familia pobre; cuando se casa tienen que pagar por ella a la familia del marido, cuando la han alimentado y ya no va a seguir aportando su trabajo en el hogar. Por eso es mejor arreglar con doce o trece años un matrimonio y que se haga cargo de ella otra familia. Si la niña tiene la suerte de dar con una familia de mentalidad moderna se la tratará bien, si no se convertirá en casi una sirvienta

Aproximadamente la mitad de la población de Nepal vive por debajo del umbral de pobreza y no puede satisfacer las necesidades de su familia, y los niños necesitan más ayuda que nunca.

El sistema sanitario nepalí no cubre apenas las necesidades de las ciudades, por lo que, según las estadísticas, más del cuarenta por ciento de los niños mueren antes de los cinco años, y los que llegan a adultos, el veintiuno por ciento ha padecido desnutrición.

31 Una de las cosas más afortunadas que te pueden suceder en la vida es tener una infancia feliz.
Komrong, abril de 2023

32 La niña gurung, amenizaba la tarde a su familia con graciosas canciones, actuando ayudada con su dusala (chal).
Gandruk, abril de 2023.

33 Niña sherpa esperando a la puerta de su casa para ir a la escuela.
Valle de Solokhumbu, mayo de 2023.

El tráfico de menores está muy extendido en Nepal, sobre todo porque no existe ninguna ley contra la pedofilia. Por ello los traficantes arrancan a muchas niñas de sus familias. Algunas deciden incluso ir a su encuentro ellas mismas, en busca de una vida mejor. Una vez que llegan a la ciudad son vendidas a los burdeles, aun teniendo corta edad. Esta situación tiene graves consecuencias negativas en su futuro como enfermedades y trastornos psicológicos, que lastran para siempre su futuro.

En Nepal la conciencia de modificar esta situación, llevó a reflejar en la constitución de Nepal de 1990 la protección a los niños, garantizar su seguridad, evitar que sean explotados y establecer una educación gratuita para ellos. Asimismo, la Ley de la Infancia de 1992 y la ley del Trabajo Infantil de 1999, tienen como objetivo proteger el bienestar físico, mental e intelectual de los niños, asegurando que reciban todos los derechos que les han sido otorgados. También incluye cláusulas en relación al trabajo infantil y una modificación reciente se ha centrado específicamente en el abuso sexual.

Estas leyes definen como niño a los menores de dieciséis años y prohíbe que menores de catorce años realicen ningún tipo de empleo o trabajo, y que los menores de catorce a dieciocho años lleven a cabo ningún tipo de trabajo peligroso.

LAS MADRES

34 Las condiciones de vida de las personas que viven en la frontera de Kodari son límites, por eso se debe valorar a las madres que sacan a sus hijos adelante en ese entorno hostil. Agosto de 2011.

35 Esta madre con su hijo sujeto por el <u>dusala</u>, estaba porteando cargas de 35 kilos en el paso de Kodari. Agosto de 2011.

36 Valle de Manang. Contemplando una carrera de caballos en los campos del pueblo de Pisang. Agosto de 2007.

.

CAPÍTULO III

LAS MADRES

Sería difícil comentar en un corto espacio, como es el de este capítulo, el aspecto de las madres en el país. En la lucha por el derecho de propiedad y por la igualdad en el caso concreto del sur de Asia, surgen otras cuestiones, como la muerte dada a los fetos de niñas en el vientre materno, el sistema de la dote, la muerte por quemaduras, el matrimonio infantil y la poligamia.

A pesar del desarrollo incipiente de la industria, la economía del país está dominada por la agricultura, en la que la mitad de la mano de obra son mujeres y su papel es muy importante en la economía doméstica.

Las madres en el campo sufren una carga de trabajo importante y no solo en Nepal, esto es común en todo el sureste asiático. Tampoco debemos olvidarnos que en occidente y en este caso en España, hablo por experiencia, hasta los años sesenta, en los pueblos veíamos trabajar en el campo a las madres de nuestros compañeros de juegos y regresar presurosas para atender los fogones que entonces estaban en el suelo. Las veíamos agachadas en el hogar colocando los pucheros en las trébedes, siempre atareadas y los sábados bajar al río con el pesado barreño en la cabeza o en la cadera a hacer la colada. A pocas que tuviese hijos pequeños se las veía charlando con las vecinas en la puerta de las casas. Esta abnegación la he podido contemplar en la actualidad en Nepal, tanto en el campo como en las zonas comerciales de las ciudades. Allí las madres atienden el negocio mientras dan de comer a sus hijos, imagino el madrugón que se han dado para preparar la comida de la familia.

37 Joven madre del distrito de Taplejung.

38 La bondad de las abuelas es proverbial en todo el mundo. Valle de Manang, agosto de 2007.

39 La madre sherpa, contempla con satisfacción a su hija. Machermo, mayo de 2017.

La sociedad sherpa tiene su propia estructura referente a madres e hijos. Como los sherpas creen que la madre da la sangre (*tahk*) a los hijos y el padre el hueso (*chuwak*), ser miembro de un clan se transmite a través de los miembros masculinos, heredando los hijos e hijas el clan del padre hasta que las hijas se casan y entran en el clan del marido. El lazo del clan es tal, que a menudo se refieren a un compañero de clan como —hermano—. Dentro del sistema de matrimonio, el clan desempeña un papel importante al no permitir relaciones sexuales entre miembros de un clan, siendo mirado esto como incestuoso y así todos los sherpas deben casarse fuera del clan. También ayuda a unificar las comunidades que miembros del clan se reúnan varias veces al año para rendir culto a su dios particular.

Un nacimiento es un acontecimiento alegre, aunque el embarazo no es ampliamente mencionado y el nacimiento real no se hace de dominio público durante varios días, dentro de los cuales se celebra el "bautizo". Muchos sherpas reciben su nombre por el día de la semana en el que han nacido, siendo estos; Nima (domingo), Dawa (lunes), Mingma (martes), Lhakpa (miércoles), Phurba (jueves), Passang (viernes) y Phemba (sábado).

Entre padres e hijos existe una relación de cariño e informalidad que crea niños seguros y felices. Los lazos formales de jerarquía en la sociedad sherpa, son a menudo bastante obvios, cada persona está situada de acuerdo a su posición conocida en la comunidad.

40 El tiempo era frío y las lluvias del monzón lo hacía más desapacible. Sin embargo, la niña con su hermanita caminaba a buen paso por el sendero que llevaba al pueblo de Mungi, hice un alto para compartir unas galletas con ella. Su mirada me cautivó. Agosto de 2007.

41 El hermano mayor ya carga como un porteador, seguro que no es lo único que lleva a la espalda.
Septiembre de 1992.

42 No sé si un niño que es cuidado por su hermano tiene un comportamiento mejor que si es atendido por los padres, pero lo que he observado es que se mantienen callados y dóciles en sus espaldas. Agosto de 2007.

CAPÍTULO IV

LOS HERMANOS MAYORES

Los pueblos y lugares donde la vida es difícil, el padre y la madre necesitan trabajar para llevar el sustento a casa, y son los hermanos mayores quienes se ocupan de ellos, aunque ellos mismos también sean niños. En los hermanos descansa una responsabilidad superior a su experiencia. Cuando me paro a realizar fotografías a esos niños, tengo presente lo que conocí en mi infancia. En los veranos que pasaba en un pueblo de la Sierra en la provincia de Toledo, era una época en la que las vacaciones estivales se estiraban tres meses, había tiempo para todo. También para observar a aquellos niños incluseros a los que las instituciones, entregaban a las familias pobres del pueblo, junto con una aportación económica, para que se ocupasen de ellos durante el estío. A estos pequeños se les veía desamparados, sin participar en los juegos con los niños del pueblo. Tampoco podían jugar los niños que cuidaban de sus hermanos, igual que otros, que acompañaban a sus padres a los huertos. Todos ellos con una u otra responsabilidad, nos observaban como nos divertíamos mientras ellos cumplían con sus labores, puedo asegurar que tampoco escuché ninguna queja de sus labios, la ayuda familiar estaba profundamente asumida en la sociedad española de mediados del siglo XX, como lo está en Nepal, un espejo de las sociedades de las que procedemos.

43 *Joven Rai observándonos con discreción desde el balcón de su casa. No debía haber muchas distracciones en ese pueblo aquel verano de 2007.*

44 *En el templo de Pashupatinath, me crucé con estas jóvenes que acudían presurosas a un pase de modelos.*
Katmandú, mayo de 2017.

45 Joven disfrutando con sus amigas de un día de asueto en Pashupatinath. Mayo de 2023.

CAPÍTULO V

LA JUVENTUD

La esperanza de vida de la mujer respecto a los hombres en Nepal es casi igual; al contrario de los países vecinos donde la longevidad de las mujeres es mayor que la de los hombres. Respecto a la educación, el país ha realizado un gran esfuerzo, pero todavía la escolarización no llega al 90% de las niñas. La atención prenatal todavía es baja, por lo cual hay muchas muertes de mujeres al dar a luz.

Los jóvenes pertenecientes a algunos grupos étnicos son empleados como soldados del ejército regular en países como la India, Gran Bretaña y Singapur, a estos soldados se les conoce como Gurkhas. La tradición se remonta a la época del imperio británico, a principios del siglo XIX.

El nombre proviene del distrito Gorkha de la zona de Gandaki, al noroeste de Katmandú, y la mayoría de los gurkhas pertenecen a las etnias gurung, magar y limbu.

Los gurkhas deben su nombre al guerrero hindú del siglo VIII, Guru Gorkhanath, cuyos seguidores fundaron la dinastía de Gorkha y el Reino de Nepal. Los gurkhas son conocidos por su valentía en las guerras a lo largo de los últimos dos siglos de su historia.

En 1559 fundaron un pequeño reino en un territorio a ochenta kilómetros al noroeste de Katmandú, territorio al que dieron el nombre de Gorkha En 1769 los gurkhas se apoderaron de la mayor parte del actual Nepal, instalándose en Katmandú y establecieron el hinduismo como religión oficial del estado.

46 "El corazón en paz ve una fiesta en todas las aldeas".
Jóvenes gurung con los trajes tradicionales. Ghandruk, abril de
2023.

47 Joven probablemente gurung del valle de Marshyangdi. Agosto de 2017.

48 Newars con sus elegantes patasis (saris newar).

A partir de 1814, intentaron ampliar su territorio hacia el sur y chocaron con los intereses de la Compañía Británica de las Indias Orientales, lo que desató la Guerra Anglo-Gurkha. Tras ser derrotados, los gurkhas firmaron el Tratado de Sugauli, pero lo incumplieron y fueron nuevamente derrotados. Durante esa última guerra, los británicos quedaron impresionados por su valentía y en el tratado de paz impusieron el reclutamiento de contingentes gurkhas como mercenarios para el ejército de la Compañía Británica.

Después de la independencia de la India, la suerte de los gurkhas fue regulada por un acuerdo tripartito entre la India, Nepal y el Reino Unido. En virtud de dicho acuerdo, el Sexto Regimiento de Gurkhas se unió al ejército indio y otros cuatro regimientos fueron transferidos al ejército británico.

Ingresar en las fuerzas gurkhas tiene un gran prestigio y los padres están orgullosos de sus hijos, asimismo las mujeres prefieren casarse con un soldado Gurkha a cualquier otro pretendiente.

También existe una gran migración a los países del Golfo, para trabajar en la construcción o lo que demande el país. Por otra parte, las jóvenes emigran para desempeñar trabajos domésticos.

49 Contrastes de una sociedad compleja que evoluciona.
Pokara, abril de 2023.

50 Contrastes. Pokara, abril de 2023.

51 Jóvenes Rai cerca de Chamje. 2007.

Se podría aplicar a esas jóvenes rai, el pensamiento de Sivananda que dice: *"Son necesarios cuarenta músculos para arrugar una frente, pero sólo quince para sonreír"*. Y efectivamente, en este batti donde nos sirvieron un almuerzo al regreso de Manang, las chicas no dejaron de reír, se las veía contentas, transmitían alegría.

Los Rai son un grupo etnolingüístico numeroso que habita la parte oriental de Nepal. Tradicionalmente son agricultores, pero con el desarrollo turístico, se han extendido por otras zonas del país. Un aspecto que me chocó cuando uno de los Rai que nos acompañó de porteador de confianza de una agencia que contratamos, nos contó que estaba a punto de casarse y nos explicó que él lo realizaría de forma tradicional, con un matrimonio arreglado por las familias. Decía que es un matrimonio con más garantías, ya que las dos familias se esfuerzan en que los contrayentes se mantengan unidos y no fracase el acuerdo. También nos explicó que existían matrimonios por secuestro, cuando un hombre se lleva a una mujer sin informar a sus padres, pero con el consentimiento de ella.

El matrimonio por amor al estilo occidental, no está mal visto, pero es minoritario. Otros matrimonios anecdóticos pero que están regulados, es el de la mujer casada que se va con otro hombre, entonces el nuevo marido tiene que pagar una indemnización al anterior marido, si las cosas no llegan a mayores enfrentamientos. Si una viuda quiere casarse, el marido tiene que pagar también una indemnización al anterior suegro de la esposa por la pérdida de un miembro de la familia.

52 Las arrugas bondadosas de esta vecina del valle de Tamo tienen mucho que contar. Agosto de 2007.

CAPÍTULO VI

LA VEJEZ

El dolor es inevitable pero el sufrimiento es opcional.

Gautama Buda

La vejez no es una etapa de la vida muy estimulante, caen las defensas frente al entorno y la fuerza abandona el cuerpo. Poco a poco nos vamos dando cuenta que ya no podemos realizar los esfuerzos a los que estábamos acostumbrados, y en los países pobres, la fragilidad de los ancianos se hace patente. Las personas mayores se encuentran entre los más vulnerables en Nepal. Allí no existen las pensiones, son los hijos y nietos los que puedan cuidar a los ancianos, si no se tienen esos recursos, vemos estampas desoladoras. Sin embargo, la vejez es respetada y celebrada, como ocurría en Europa hasta mediados del siglo XX, hoy existe un alto contraste de nuestras sociedades con la que encontramos en Nepal.

En el país, las familias no quieren que los ancianos, que viven con ellos trabajen, aunque se hacen cargo de los nietos cuando los padres emigran para trabajar en el extranjero. Unos dos millones de nepalíes viven y trabajan fuera de Nepal, excluyendo a aquellos que lo hacen en la India. Las remesas de dinero representan alrededor del veinticinco por ciento del PIB de Nepal y la mayoría de las familias rurales dependen de los ingresos de los familiares que trabajan fuera. En este caso los abuelos son totalmente dependientes de esas remesas de dinero para subsistir.

53 Abruma ver a esta anciana cargar con ese considerable peso de forraje para sus animales, pero la vida en los altos valles de Nepal, siempre ha sido dura. Agosto de 2011.

54 *"En cualquier caso, las alegrías y las penas de este efímero mundo no son duraderas, el mundo es como un sueño, da igual cómo te lo imagines, desaparecerá, y al final, eres tú mismo el que se desvanece". Mirza Ata.*

55 La vejez comienza cuando el recuerdo es más fuerte que la esperanza.

En Nepal, la esperanza de vida es baja se calcula según diferentes estadísticas que está en sesenta y siete años, habiendo aumentado un quince por ciento en los últimos cincuenta años, y la población mayor de esos años es muy escasa, hay poca diferencia entre hombres y mujeres. La población es joven y más de la mitad es menor de quince años. Pero hay una algo importante que se mantiene en la sociedad, y es el respeto a los mayores, algo muy presente en la estructura familiar.

Hasta los años sesenta y setenta ese respeto existía en la sociedad española, pero casi se ha perdido. Al primarse la juventud como nueva fuente de consumo, la publicidad ha creado el nuevo hombre, joven en buenos coches y con modas cambiantes según la temporada. Todo es bueno en la juventud, hasta en los trabajos se descarta al mayor, que va siendo arrinconado en todos los aspectos. A los jóvenes ya no les interesa lo que le puedan aconsejar los padres y abuelos, considerando que todo lo que pueden aportar son batallitas. Pero hay algo en común con la sociedad nepalí, los abuelos se siguen haciendo cargo de los nietos para ayudar a los hijos, aunque estos les recuerdan como hay que criarlos, porque no entienden como ellos pudieron sobrevivir con unos padres tan anticuados. No creo que en Nepal reciban semejantes lecciones de los hijos.

56 "El sabio no es aquel que dice todo lo que piensa, sino la persona que piensa todo lo que dice".
Komrong, abril de 2023.

57 Por las calles de Katmandú tropecé con esta anciana tomando un respiro en su trabajo. No quise importunarla y tampoco acercarme con la cámara, así que utilicé un teleobjetivo de 200 mm. agosto de 2011.

58 El brahmín observa sin entusiasmo el interés que despierta en el fotógrafo.
Bhaktapur, agosto de 2007.

Los viajeros comprobamos que en nuestras sociedades los jóvenes cada vez tienen más edad. Nos olvidamos del ciclo de la vida, la adolescencia permanece durante buena parte de la juventud y la juventud se mantiene a edades que en países como Nepal, hombres y mujeres ya son abuelos. En la sociedad de donde procedemos, la madurez de algunos individuos no se alcanza nunca y nos cruzamos con seres inmaduros, caracterizados por llevar coletas en cráneos escasos de pelo y numerosos pendientes en las orejas, como actrices de variedades. Tampoco extraña ver a mujeres de edad avanzada vistiendo faldas minúsculas y atuendos varias tallas inferiores a las que necesitan.

Creo que en occidente hemos perdido algo muy importante al apartar a nuestros mayores y no valorar su sabiduría y experiencia y esos cambios exteriores pueden ser reflejo de esta circunstancia. De esta forma, intentamos aparentar una edad que no tenemos para no sentirnos excluidos.

Quizá del contraste con estas sociedades nepalíes, debamos aprender el lugar y el momento en el que nos encontramos y avanzar en nuestro conocimiento.

59 Vestidos elegantes, sonrisas discretas y mucha comida. Mujeres newar celebrando una boda.
Abril de 2017.

CAPÍTULO VII

EL MATRIMONIO

La situación de las mujeres en Nepal, como en tantos lugares del mundo y en especial en el subcontinente indio, es un modelo de organización social discriminatorio. Hay que tener en cuenta, que no es lo mismo la vida en la ciudad que en el campo y tampoco de una casta y etnia a otra, cada una tiene sus peculiaridades.

También están las fuertes cargas de trabajo y la discriminación financiera. Entre todas las formas de discriminación está el sistema de dote en Nepal, India y Pakistán. Una familia rica puede buscar un buen novio ofreciéndole una generosa dote y gastando mucho dinero en el matrimonio de la hija. Ello hace que el matrimonio sea más difícil para las mujeres sin recursos.

Aunque la edad legal para el matrimonio es de dieciocho años para las niñas y veintiuno para los niños, sin embargo, no siempre se respeta la ley, ya que el cincuenta por ciento de las niñas están casadas antes de esa edad.

Tradicionalmente son los padres los que conciertan el matrimonio de sus hijos. Pero cada vez son más los jóvenes que en la ciudad de Katmandú eligen libremente a su pareja.

En primer lugar, se celebra la ceremonia del compromiso oficial, en el que los padres del joven envían regalos a los progenitores de la novia, donde los representantes del novio pronuncian discursos elogiando sus virtudes. Después de la aceptación del joven por los padres de la novia, puede procederse a la boda según lo previsto.

60 Comitiva nupcial en Katmandú.

La fecha se fija de acuerdo con cálculos astrológicos. Ciertas estaciones se consideran más favorables, pero para un casamiento a corto plazo se puede pagar a un astrólogo para que señale una fecha favorable antes. La primavera suele ser la época propicia para casarse y no es difícil tropezarse con las celebraciones y procesiones de los novios y familiares, cuando acudimos a las montañas, ya que la primavera también es la mejor época para las escaladas. Las bodas se suelen prolongar durante una semana. Después del anochecer se forma el cortejo del novio, con los músicos delante, hasta la casa de la novia. Ésta no se deja ver hasta el día siguiente que es recibida en casa de su futuro marido, efectuándose los rituales apropiados y se celebran los banquetes de bodas con las amistades y familias respectivas.

61 Boda newar en Swayambhunath.

CAPÍTULO VIII

EL SATÍ

Un ritual que llamó la atención a los británicos y al resto de occidente, cuando lo publicitaron, fue el Satí el rito realizado en la India y podía llevarse a cabo también en Nepal por los hinduistas. La palabra Satí se refiere al rito en el cual una mujer se inmola en la pira funeraria del marido fallecido. Parece que el origen de este rito se remonta a varios siglos antes de Cristo. Si bien es cierto que no se tiene certeza de la fecha y quién originó el ritual, existe literatura histórica diversa que sitúa su apogeo a partir del siglo IV d.C. El Satí nunca fue habitual; incluso en su apogeo era raro.

En Nepal, el primer ministro Jung Bahadur Rana, prohibió el ritual en 1853 para las viudas menores de dieciséis años o cuando tenían hijos menores de nueve años. Pero no fue hasta 1920 cuando fue completamente abolida. Hay que tener en cuenta que en la India fue abolida ocho años más tarde por los británicos.

Según el rito, el acto de inmolarse en el fuego de la pira mortuoria es la culminación y prueba más fehaciente de la virtud y lealtad de la esposa hacia su marido. Desde el punto de vista tradicional hindú, una mujer, al contraer nupcias, queda simbólicamente unida a su marido. La recién casada acompañará a su esposo a donde sea que este vaya sin que la muerte represente un obstáculo a su unión perpetua. El ritual de inmolación por fuego es un despliegue del poder divino emanado de ella y un acto de devoción manifiesto, por un lado, de la satí hacia su marido y, por el otro, de los individuos ahí presentes hacia la que se ha convertido en diosa como resultado de su auto sacrificio.

62 Vendedora de collares de caléndulas. En Nepal crecen más de 6500 variedades de flores. Las ofrendas y los collares de ceremonia se adornan con magnolias, jazmines, camelias, dalias, alhelíes e hibiscos. 1990.

63 El oficio de bharia (porteador), es uno de los más comunes en Nepal. Katmandú, agosto de 2011.

64 Sarki (zapatero indio), un dalit, la casta intocable.
Calles de Katmandú, agosto de 2011.

CAPÍTULO IX

ALGUNOS OFICIOS

Nepal es un país agrícola y la agricultura sigue siendo la base de la economía nacional. Su contribución a la renta familiar es superior al 50% y proporciona empleo a más del 70% de la población activa, siendo muy importante para los sectores manufacturero y de exportación.

La pobreza sigue siendo la nota dominante de los hogares rurales y agrícolas. Se calcula que la proporción de la población de *jyapu*s (campesinos) que vive por debajo del umbral de la pobreza es al menos de un 35%, aunque en función de los vaivenes económicos mundiales y la afluencia del turismo, va mejorando gradualmente su nivel de vida.

También se nota el desarrollo de las infraestructuras rurales, que lentamente van permitiendo mejorar los desplazamientos y el comercio a través de vehículos donde hace solo diez años se realizaban por senderos de montaña.

La situación de pobreza general se ve asimismo reflejada en la proporción de la población activa subempleada, que como en algunas de estas fotografías, venden algún artículo que les da para para sobrevivir malamente, en el día a día.

Como es lógico, en las ciudades se mantienen los oficios de siempre, como la venta de flores y productos agrícolas, verduras, carnicerías, pescaderías. Los zapateros y peluqueros se trasladan por los barrios para ejercer su trabajo. Los barberos o carniceros pertenecen a las castas bajas, pero no son intocables. Los porteadores transportan sus cargas de un lugar a otro, ya sea para la construcción o para los comercios. Las castas bajas se reparten los trabajos más duros y peor pagados, como la limpieza de letrinas o las calles. También son los desolladores y los que trabajan el cuero.

65 Majhi (pescaderos) de Bhaktapur. Agosto de 2007.

66 Vendedor de hojas para hacer platos orgánicos y cuencos para usar en ritos religiosos.
Katmandú, agosto de 2011.

67 *Vendedoras de hortalizas. Katmandú, agosto de 2017.*

En los pueblos, la agricultura, el transporte y la construcción son los trabajos habituales.

Las clases sociales existen en todos los países, pero en Nepal y la India además de las clases sociales existen las castas. Este sistema surge y se desarrolla básicamente dentro de la religión hindú, aunque se ve su influencia en las otras religiones del entorno.

Fueron los portugueses quienes utilizaron el término "casta" para referirse al particular sistema de organización social que descubrieron en la India. La palabra en sánscrito para este sistema es *Varna*. Este sistema social lo trajeron los invasores arios alrededor del año 1.700 a.C. y con la religión hindú se extendió a Nepal.

La sociedad fue dividida en cuatro categorías atendiendo al trabajo y el individuo estaba obligado a realizar el trabajo que hacía su padre. En aquel momento querían imponer cierta disciplina en la sociedad y asignar a cada uno su lugar según su capacidad y el puesto que ocupaba en la sociedad. Esa clasificación fue el origen de las castas, siendo las siguientes: brahmines (sacerdotes), chhetris (guerreros), vahisyas (comerciantes), sudras (trabajadores). Los dalits están excluidos del sistema. La casta no cambia, es hereditaria.

Estas cuatro principales castas se fueron subdividiendo y actualmente en Nepal existen aproximadamente unas 30 castas y 59 grupos étnicos. Los grupos de castas incluyen a las personas de origen indoario. Los grupos étnicos de Nepal son en su mayoría de origen mongoloide, tienen su propio idioma de la familia tibetano-birmana y una cultura distinta. Éstos se identifican como kirati, grupos indígenas que se reparten por todas las zonas del país.

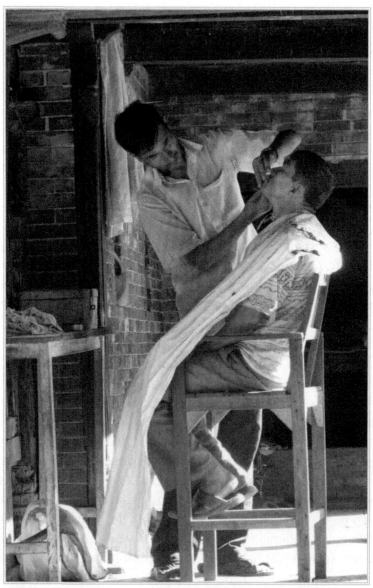

68 Barbero (Nai) en Bhaktapur. Suelen tener este oficio las castas bajas de la sociedad. Marzo de 1992.

69 Llama la atención al viajero los puestos de carne. Imagen repe-tida en tantos lugares de Asia.
Katmandú, marzo de 1992.

70 Albañil transportando ladrillos en el Doko.
Katmandú, agosto de 2007.

*71 "Sólo existen dos días en el año en que no se puede hacer nada.
Uno se llama ayer y otro mañana".
Katmandú, agosto de 2011.*

72 Los tendidos eléctricos en Nepal, es cosa de expertos, se diría que de ingenieros especializados.
Pokara, abril de 2023.

73 El picapedrero (Ḍhunga kaṭne), tiene una mirada penetrante ante el foráneo que le toma la instantánea. La realidad es la única verdad que tenemos.

74 Joven labradora (jyapu) desgranando el cereal. Agosto de 2007.

75 La construcción de tejados de piedra es todo un arte.
Valle de Marsyandi, agosto de 2007.

76 Porteadores acampando al atardecer camino del mercado de Namche Bazar. Abril de 1992.

Shreṣṭha es el segundo grupo de casta alta más grande y ocupa alrededor del 21% de la población total Newar. A pesar de su población nacional numéricamente baja, su alto estatus y capital socioeconómico coloca a los shreṣṭha entre los segmentos más privilegiados socioeconómicos y políticos de la población nepalesa.

Los Chetri son una casta indo-aria. Generalmente viven en las regiones montañosas de Nepal. En la antigüedad sirvieron como administradores, gobernadores y guerreros, monopolizando el gobierno y el ejército hasta el año 1951 d.c. Después de la democracia en Nepal, los chatrias siguen siendo visibles en el gobierno, especialmente dominando el gobierno de Panchayat y también en el ejército.

Pese a los esfuerzos realizados en el pasado, y el comienzo del programa de reforma agraria a mediados del decenio de 1960, los miembros de las castas superiores tienden a poseer más tierras. Los grupos étnicos, conjuntamente considerados, poseen menos tierras que los grupos de castas superiores. Los grupos de castas inferiores (dalits), son los que poseen menos tierras de las cuatro principales categorías de castas.

En una economía que todavía depende en gran medida de la agricultura de subsistencia, la tierra no es sólo el medio de producción más importante, sino también un factor determinante de la posición social. El Gobierno otorga especial prioridad a la reforma agraria como programa principal y urgente para la justicia social y el desarrollo.

77 Esforzados bharia (porteadores) del valle de Manang. ¿Cuánto pueden pesar esas cargas de leña en sus doko (cestas de porteador)? Agosto de 2007.

78 El suministro de agua para los hogares, suele corresponder a los más jóvenes de la familia, siempre que tengan la fuerza suficiente para cargar con los pesados paniko gada (cántaros).
Thaleku agosto de 2007.

79 Los niños comienzan a portear desde muy jóvenes, nosotros como adultos probamos a cargar el peso del Dairako Bhari (carga de leña) que llevaba el niño y no pudimos. Son unos verdaderos héroes que se esfuerzan en llevar el sustento a sus casas. Valle de Manang, agosto de 2007.

CAPÍTULO XII

PORTEADORES

El que haya realizado alguna expedición a una montaña de Nepal o un trekking, posiblemente habrá contratado porteadores, esas personas fuertes y sufridas que nos facilitan subir las cuestas ligeras de peso. En Nepal se llaman *bharia*, la mayoría de los porteadores solían ser rai, magar, tamang o sherpas, actualmente hay porteadores de todas las castas y grupos étnicos, tal vez sea el dinero que se gana con la llegada de los turistas y al no haber prohibición de casta para los transportistas, es lo que ha permitido entrar en este esforzado gremio a cualquiera que esté dispuesto a trabajar duro.

En mi primera expedición al Everest en el año 1990, tuvimos que contratar a cincuenta porteadores para transportar todo el equipo hasta la frontera de Kodari. Incluso llevábamos uno de los primeros teléfonos vía satélite en dos maletas y una de ellas pesaba setenta kilos. Me parecía increíble como subían por unas cuestas embarradas, descalzos y con ese peso. A lo largo de los años he observado y fotografiado a estos esforzados trabajadores de las montañas y los sigo admirando.

En Nepal, el oficio de porteador es muy antiguo, en un país que hasta el año 1951 no disponía de ninguna carretera era un trabajo habitual. Actualmente esto va cambiando y se abren pistas en las rutas más frecuentadas, pero en la mayoría de los pueblos, el comercio y la construcción pasa por la fuerza humana. Las mujeres también colaboran en este trabajo y caminan por esos senderos a buen paso con sus cargas.

80 Campesina porteando forraje para el ganado.
Agosto de 2007.

81 En la frontera de Kodari, hubo un corrimiento de tierras provocado por las lluvias monzónicas y quedó cortada la carretera. Los habitantes de los pueblos aledaños, hombres y mujeres, aprovecharon la oportunidad de ganar unas rupias porteando cargas de unos vehículos a otros. Frontera de Kodari, agosto de 2011.

82 El peso que cargan estos bharia (porteadores), es considerable.
Las cervezas Everest de medio litro en cajas de aproximadamente
24 botellas da idea del peso que transportan.
Katmandú, agosto de 2007.

Los niños comienzan muy jóvenes a portear con sus *tokaris* (cestos pequeños) y como en la fotografía del niño con la carga de leña, nosotros los adultos probamos a cargar con el peso y no pudimos. Son unos verdaderos héroes que se esfuerzan en llevar el sustento a sus casas y su trabajo es imprescindible en la economía familiar.

A comienzos del siglo XX en España, era algo común el trabajo infantil en las minas y sobre todo en el campo. La ayuda de mis compañeros de juegos en el pueblo en el que pasaba la época estival, era fundamental para sus padres y veía a mis amigos regresar cansados sin ganas de participar en nuestras diversiones.

En nuestra naturaleza está el esforzarnos y ponernos retos en el mundo físico. Tal vez sea esta lucha y su dominio final lo que da sentido a nuestra vida, un regreso al tiempo, no tan lejano, en que los desafíos de la vida giraban en torno a la simple, pero peligrosa y ardua tarea de sobrevivir.

Y este razonamiento se hace presente en las montañas de Nepal, en muchos pueblos que encontramos en el camino, la gente sobrevive y cada día busca la forma de llenar el estómago de su familia. Llama la atención lo poco que se necesita para vivir y lo que los occidentales vamos necesitando para lo mismo. Viajamos cargados de muchas cosas, vamos llenando los petates con todo tipo de elementos, y cuando pasamos varias semanas caminando por la geografía de Nepal, alejados de los hoteles o *lodges*, somos conscientes de que no precisamos ni la mitad de lo que llevamos. Quizá esto sea lo primero que aprende el viajero y deberíamos conservarlo en la memoria para no acumular tantas cosas en nuestro quehacer diario, cuando regresamos a nuestra vida cotidiana.

83 En el camino del valle de Khumbu, podemos encontrar bharias (porteadores) con cargas desproporcionadas a sus físicos. Abril de 2017.

84 La carga del baharia contrasta con la que lleva el trekker. Agosto de 2007.

85 Al joven de la fotografía, se le combaban las piernas cuando cargaba el voluminoso peso que transportaba.
Tanghring, abril de 2017.

En estos países también comprobamos que un pobre occidental se puede considerar un auténtico afortunado, porque en el entorno donde vive, nunca pasará hambre.

En los caminos del valle de Khumbu es donde he encontrado a los porteadores más cargados. Figuras inverosímiles con fardos desproporcionados. Suben dando cortos pasos y se paran después de diez o doce, para descansar el peso y así hora tras hora hasta llegar a su destino.

He contemplado con sorpresa acarrear vigas para la construcción de los *lodges*, entre varios hombres, coordinándose rítmicamente, ascendiendo por las pendientes del valle de Solokhumbu.

¿Cómo se puede pagar ese trabajo? Efectivamente, la vida confortable en estos valles es mucho más cara que en las ciudades, porque todo transporte hay que pagarlo y por eso la profesión de porteador no es desdeñada. Para el trekker que se hospeda en los *lodges*, cada etapa que le aleja de las carreteras o aeropuertos de montaña, es más caro. Hay que pensar que una cerveza de medio litro, pesa más de medio kilo y se ha transportado en cajas muy pesadas durante varios días por aquellos caminos que superan desniveles hasta los cinco mil metros.

86 Jóvenes newar bailando el "Dewa Pyankha".
Katmandú, febrero de 1990.

CAPÍTULO X

BAILES

En todo Nepal se ejecutan numerosas danzas populares, en las plazas de los poblados, en los campos, en las casas. En los festivales, cuando los habitantes de las colinas confluyen en Katmandú, las ciudades del valle hierven de bailes, con un sencillo acompañamiento musical de tambores, címbalos, campanillas y cánticos.

Cada etnia tiene sus propias danzas. La danza clásica es dominio de los newar, destaca el delicado baile de Kumari. Los bailes de máscaras de Bhaktapur, que hablan de las batallas entre los dioses y las fuerzas del mal a la luz de las hogueras, o los bailes de Patán, similares a los de Bhaktapur.

He podido disfrutar de estas danzas newar, ejecutadas con la gracia de las adolescentes y las danzas gurung en un pueblo donde el sonido de los tambores atrae a los residentes. También en los restaurantes de Katmandú o Pokhara podemos degustar excelentes platos, con las danzantes moviéndose por el escenario. En el Terai también participé de los bailes de los tharus ejecutados alrededor del fuego, cuando la noche refresca y olvidamos el calor del día con la alegría de las danzas.

Estos bailes más espontáneos, contrastaban con otros a los que acudí en un teatro, en un espectáculo en el que representaban media docena de bailes de otros tantos pueblos del valle de Katmandú.

87 Naga Pokhri, baño real de Bhaktapur. El fotógrafo no pudo resistirse a esta composición de paz. La serpiente "naga" capta nuestra atención, mientras en el fondo, la joven se abstrae con su lectura.
Abril de 2017.

CAPÍTULO XI

EL AGUA

"La felicidad es la actitud con la que se viaja por la vida"

Nepal es un país sano, quizás porque la limpieza corporal es algo intrínseco de la sociedad. El agua es algo primordial para los nepaleses y afortunadamente la tienen en abundancia. Las ciudades importantes tienen estanques donde la población hace sus abluciones y se lavan los sábados, aunque actualmente al disponer de agua corriente en algunas casas, estas costumbres pueden ir variando. En Bhaktapur se encuentran varios estanques, uno de ellos es el Naga Pokhri de la fotografía, con una cobra, símbolo de protección, presidiendo el baño.

La joven de la fotografía me llamó la atención. Era una mañana temprano y todavía el sol no apretaba, se encontraba concentrada escribiendo en una libreta. Pasé por el estanque y estaba sola, no quise pararme y molestarla con mi presencia. Cuando regresé del paseo, seguía allí y no pude resistir la tentación de hacer la fotografía.

Las fuentes tienen un ambiente festivo, con las mujeres lavando sus abundantes melenas, el aseo parece un acto social. La abundancia de agua en Nepal, contrasta con los graves problemas de acceso que tiene una cuarta parte de su población. Katmandú, sufre las consecuencias de la falta de gestión y la contaminación de ríos y acuíferos. Cada día sus habitantes luchan por proveerse de agua. El caso de Katmandú, es también el de muchas ciudades asiáticas que están rodeadas por cauces fluviales altamente contaminados. Katmandú produce toneladas de residuos que se vierten sin control en los ríos. →

88 *Mujeres aseándose en un dhunge dhara de Bhaktapur.*
Mayo de 2017.

89 Niño cogiendo agua en un dhunge dhara de Katmandú. 2011

90 Deambulando un sábado por las calles de Bhaktapur, me encontré con la joven lavándose el pelo. Aunque tomé la foto con discreción, no pude evitar la mirada un tanto acusadora de la mujer por lo que estaba haciendo.
Abril de 1992

Uno de los mecanismos tradicionales de abastecimiento de agua para consumo humano en el valle de Katmandú ha sido los llamados *dhunge dhara* o fuentes tradicionales de piedra. En estas estructuras se funden elementos de un sistema de prácticas y creencias ancestrales. Se trata de un santuario con varias divinidades talladas que alberga funciones vitales de oración y abastecimiento de agua.

Las veces que he paseado por Bhaktapur los sábados por la mañana, he encontrado a jóvenes lavándose el cabello. Las nepalesas cuidan con esmero sus abundantes y brillantes melenas.

La joven de la fotografía, me mira con una sonrisa tímida, quizá la violentase un poco mi presencia, pero la imagen era de una belleza imposible de resistir, tiré la foto sin enfocar, con rapidez no más de unos segundos para obtener la instantánea y dar las gracias a la mujer.

Construidas entre el siglo V d.C. y el siglo XIX, estas fuentes son parte de un sistema integral de abastecimiento y distribución de agua de lluvia y subterránea que articulaba una red de canales, pozos y estanques que por gravedad abastecían la ciudad. Durante 1.300 años el sistema fue el principal mecanismo para satisfacer las necesidades de agua para consumo humano en el valle de Katmandú.

Debe tenerse en cuenta que tradicionalmente, en el valle de Katmandú, muchos hindúes y budistas confían en el agua que fluye de ciertas fuentes de piedra para realizar pujas auspiciosas diarias.

A inicios del siglo XX se contabilizaron 398 fuentes de piedra o *dhunge dhara*; de estas, unas 233 estaban en funcionamiento. A pesar de su paulatina desaparición, es la principal opción para la población mayoritariamente pobre de la urbe, pues el agua es gratuita.

91 Un sábado en Chamje. Agosto de 2017.

92 La temperatura benigna de Katmandú, permite lavarse a fondo sin miedo a los constipados.
Agosto de 2017.

93 Changu Narayan. Agosto de 2007.

Con el terremoto de 2015, desconozco los *dhunge dhara* que han resistido los temblores, pero en la visita que realicé a Katmandú en 2023, algunas de las fuentes que tengo fotografiadas estaban secas, sus conducciones se debieron romper y el agua tan necesaria habrá buscado su camino.

El deshielo de los casi 3.000 glaciares y lagos de las montañas más altas de la Tierra, alimenta los más de 6.000 ríos y arroyos que fluyen por los valles de Nepal, pero la falta de infraestructuras y el alto nivel de contaminación por los plaguicidas, fertilizantes agrícolas y las aguas residuales son las principales causas de los problemas de acceso al agua potable. Por otra parte, la climatología de Nepal depende de la estación de los monzones, de junio a septiembre, cuyos vientos determinan también el deshielo en los Himalayas.

La población de Katmandú va creciendo cada año y la demanda aumenta, mientras las infraestructuras prácticamente se mantienen sin nuevas canalizaciones y la capital nepalí, rodeada de enormes cantidades de agua, es incapaz de procurar el total acceso a sus habitantes al agua potable.

94 Estos muchachos combaten el calor del monzón en una pileta al borde del camino.
Besisahar, agosto de 2017.

En el mes de agosto del año 2007 viajamos hasta Besisahar, donde cogimos el camino que sube hasta el valle de Manang. En uno de los pueblos por donde pasamos, creo que era Chamje, hacía bastante calor, ya que la población se encuentra a 1.410 m. Para refrescarse, aquella tarde, encontré a estos muchachos metidos en un pilón, me hizo gracia lo apretados que estaban y a ellos también les parecía una ocurrencia y disfrutaban y reían mientras les tomaba la fotografía.

Ese año estaban trabajando en una pista para vehículos, pero faltaba mucho y sobre todo por la escasez de maquinaria, pensamos que tardarían años en acabar aquella obra faraónica. Digo faraónica por el modo de trabajo, vimos esforzarse a los obreros con barras de hierro, picos y palas, en una naturaleza indómita. Actualmente me han asegurado los amigos que han pasado por allí en el año 2022, que la pista la finalizaron y llega hasta Manang desde Besisahar.

95 Contemplar el bullicio de las calles desde la ventana de la casa, ha sido desde siempre y cualquier lugar, el pasatiempo de la humanidad. Bhaktapur, agosto de 2007.

96 Joven ensimismado en el conjunto de templos de Pashupati-nath. Agosto de 2017.

97 Trabajadores esperando ser contratados para ganar el jornal diario. Katmandú, mayo de 2017.

CAPÍTULO XIII

OBSERVANDO LA VIDA

Es importante percibir en qué medida
tu propia felicidad está ligada a la de los demás.
No existe la felicidad individual totalmente
independiente del prójimo.

Dalai Lama.

Cuando era pequeño, en los pueblos, la gente se sentaba en la puerta de las casas para ver pasar la vida, la plaza del pueblo era el mejor lugar, pero tampoco se desdeñaban las confluencias de las calles transitadas. Desde estas atalayas, se tomaba el pulso a sus habitantes.

En las ciudades la gente se asomaba a las ventanas o se sentaba en los balcones, así se enteraban de lo que pasaba en el vecindario y además era una buena distracción. En las grandes ciudades y lugares de veraneo eran muy populares las terrazas de las cafeterías, hoy en día es lo que más abunda y desde el COVID se ha potenciado. En Nepal la mera observación de lo que pasa en las calles nos retrotrae a los tiempos de aquella España descritos.

Uno de los mayores placeres de los que he disfrutado en Katmandú, ha sido sentarme en el *hippy temple* (Taleju Temple) en el Durbar, a ver pasar la vida nepalesa y a los turistas extranjeros vestidos con variopintos atuendos y estrafalarios peinados.

Otro de mis lugares favoritos es el templo de Pashupatinath, allí también bulle tanto la vida como la muerte y siempre se descubre algo nuevo. La última vez descubrí a unos fotógrafos haciendo un casting a unas modelos que se intercambiaban unos zapatos de tacón dos o tres números más grandes de lo que calzaban.

98 Peregrinos en Pashupatinath, febrero de 1991.

CAPÍTULO XIV

EL HINDUÍSMO

Que la verdad sea tu antorcha y tu refugio
y no busques otras razones.

Bhagavad Gita

En Nepal se profesan diferentes religiones. La mayoría de la población se declara hindú. Los budistas son alrededor de un 8%, los musulmanes un 3%, los kirati, una forma de animismo con un 2% y los cristianos y otras religiones alrededor de un 1%.

El hinduismo ha sido la principal ideología de los dirigentes del país a lo largo de la historia, contribuyendo a que el régimen de castas arraigara profundamente en la estructura social de Nepal. Tanto es así que en la actualidad los grupos étnicos que originariamente no se basaban en el sistema de castas, con frecuencia se definen a sí mismos en términos de casta. Las Leyes de Manu (siglo III a.c.) constituyen la fuente de todos los códigos y leyes posteriores relativos al sistema de castas. Los dirigentes nepaleses desde la edad media hasta la época moderna, se han inspirado en gran medida en las Leyes de Manu para el orden social del país. Los cuatro niveles de la jerarquía clásica (brahmanes, chhetri, vaishya y sudra), algo modificados y adaptados a la sociedad nepalesa, se encuentran en la correspondiente jerarquía económica.

A lo largo de los siglos, el hinduismo, como ideología cultural dominante, ha acabado por absorber otras religiones, en particular el budismo, el animismo y el chamanismo. En la actualidad, se realizan esfuerzos para corregirlos mediante intervenciones que sean compatibles con los valores democráticos. →

99 Katmandú, agosto de 2011.

El hinduismo es una de las religiones más antiguas del mundo pues sus primeros textos, los Vedas, datan de finales del segundo milenio a.c. El periodo conocido como védico coincide con la ocupación aria de la India. La palabra *veda* significa conocimiento, sabiduría. Los Vedas son una colección de himnos y cánticos rituales que, en un primer momento, fueron transmitidos oralmente pues, para los hindúes, el sonido de las palabras es tan sagrado como su contenido. Estos textos son la base de las creencias hinduistas.

El dharma es la ley, el deber y la conducta correcta. Dicho dharma varía según la casta y según la fase de la vida en la que cada persona se encuentra.

Los Upanishads son 108 textos compuestos entre los siglos VII y V a.c. en los que los temas sobre sacrificios rituales, que habían sido la base de los Vedas, son sustituidos por cuestionamientos místicos y filosóficos. En los Upanishads, la búsqueda espiritual pasa del exterior al interior. Ya no se invoca a los dioses externos, sino que se busca a *Brahmán*, ese principio o fuerza sagrada que anima todas las cosas. El objetivo final de la especulación filosófica que contienen estos textos es alcanzar la liberación (*moksha*) del ciclo de renacimientos (*samsara o punarjanma*)

El Bhagavad Gita o "Canción del Señor" pertenece a la gran epopeya del Mahabharata, compilada entre el 400 a.c. y el 300 d.C. Sin embargo, se ha convertido en uno de los textos religiosos más importantes y populares del hinduismo. En este texto se desarrolla la idea del *Atman* o alma inmortal que vive en el interior de toda persona y que es su verdadera esencia.

100 Pujas en el Durbar de Katmandú. Febrero de 1991.

Según el Bhagavad Gita, existen tres caminos para conseguir la liberación del *samsara*: el *karma yoga*, que es la disciplina o sendero de la acción. El *jnana yoga*, la disciplina o sendero del conocimiento. Y el *bhakti yoga*, la disciplina o sendero de la devoción que es la forma más elevada de yoga y es accesible a cualquier persona.

El panteón hindú es extremadamente complejo e, igual que la religión, fue evolucionando con el paso del tiempo. En un primer momento, la mitología védica describe a una serie de dioses y diosas que intervienen en los asuntos humanos, pudiendo ser propicios o peligrosos según cómo se realicen los rituales a ellos destinados. Estos primeros dioses están muy relacionados con las fuerzas de la naturaleza y se dividen en dioses terrestres, dioses celestes y dioses del espacio intermedio.

Alrededor del siglo V a.C. en los poemas épicos populares, se empieza a vislumbrar una nueva raza de dioses que iría ganando terreno en importancia a las antiguas divinidades védicas y se iría concretando en los principales protagonistas que componen la trimurti (las tres formas), la trinidad hindú: Brahma, que es el dios creador; Visnú, que es el conservador y protector y Shiva, que es el transformador o destructor.

101 Ceremonia del Aarti acompañado del kirtán (espectáculo musical, vocal e instrumental de carácter sagrado) en Pashupatinath. Abril de 2017

CAPÍTULO XV

PASHUPATINATH

Pashupatinath, es quizás el templo que mayor impacto tiene entre los occidentales. Situado a orillas del río Bagmati, es un lugar sagrado de peregrinación y purificación. Sus aguas descienden de las montañas y van a parar al sagrado Ganges. Allí hombres y mujeres medio desnudos lavan su cuerpo y sus ropas para quedar libres de toda inmundicia. Sobre los *Ghats* se queman los cadáveres lanzándose las cenizas al río para que viajen con la corriente en su última purificación.

Variopintos yoguis y sadhus que han llegado caminando cientos de kilómetros desde la India, se alojan en ese amplio complejo de templos dedicados a Shiva en su representación de Pashupati y del *Lingan* como uno de los fundamentos primordiales de la vida.

En Katmandú, sobre las seis de la tarde, en las escalinatas de las terrazas frente al templo de Pashupatinath, se puede disfrutar de la ceremonia del *Aarti*, un rito religioso hindú de adoración, una puja en donde el fuego se usa como ofrenda. Por lo general, se hace en forma de lámparas encendidas con las mechas empapadas en *ghee* (mantequilla licuada) o alcanfor y son ofrecidas a Shiva. En la ceremonia se entonan canciones en su honor. El *kirtán*, los bailes sagrados, la música y las luces reúnen a numerosos peregrinos y lugareños a orillas del río Bagmati, el río sagrado. La ceremonia suele estar presidida por tres brahmanes que se colocan en una plataforma. En ese momento, se entonan los mantras acompañados por los cánticos de todos los devotos, que van in crescendo acompañados de la música en uno de los momentos sublimes de Pashupatinath. →

102 Cremaciones en Pashupatinath. Febrero de 1990

103 Cremación en el Aria Ghat de Pashupatinath.
Febrero de 1991.

104 Ceremonia del Aarti oficiada por un brahmán en Pashupati-nath. Agosto de 2017.

Se dice que *Aarti* viene del concepto védico del ritual del fuego. En la tradicional ceremonia *Aarti*, las flores representan la tierra, el agua a los elementos líquidos, las lámparas o velas representan al componente del fuego, el incienso el estado purificado de la mente y la propia inteligencia son ofrecido a través del orden de las ofrendas. Así pues, la existencia entera y todas las facetas de la creación material son simbólicamente ofrecidas al dios a través de la ceremonia *Aarti.*

Pero en Pashupatinath, la precaria gestión de los residuos y las aguas negras que a diario produce la creciente población, ha contaminado el río Bagmati y mientras atraviesa la ciudad, se ha convertido en una cloaca, aunque sus aguas se consideran muy sagradas por los hinduistas, especialmente en los rituales funerarios celebrados en el templo.

Antes de su cremación pública, los cuerpos son lavados en las aguas sagradas del río por sus familiares, y el cuerpo se incinera ante la vista de dolientes y personas que acuden a diario. Al final, las cenizas de los muertos y los rescoldos de los *ghats* son arrojados al Bagmati, que sigue su trayecto en busca del Ganges con un color negro, incompatible con la pureza de lo sagrado.

Pashupatinath también es famoso por los sadhus que peregrinan desde la India a este sagrado templo.

105 Sannyasin en Pashupatinath.
Abril de 1992.

CAPÍTULO XVI

SADHUS

Un *sadhu* es un asceta hindú que sigue el camino de la penitencia y la austeridad para obtener la iluminación y la felicidad. Por norma general, un sadhus vive inmerso en la sociedad, pero intenta ignorar los placeres y dolores humanos.

Es la cuarta fase de la vida en la religión hindú, después de estudiar, de ser padre y de ser peregrino. La tradición sadhu consiste en renunciar a todos los vínculos que los unen a lo material en la búsqueda de los verdaderos valores de la vida.

Los sadhus dedican la mayor parte de su tiempo a la meditación. Muchos sadhus imitan la vida mitológica de Shiva, el principal de todos los ascetas. Llevan un tridente simbólico y se pintan tres rayas de ceniza en su frente para representar los tres aspectos de Shiva en su búsqueda ascética, para superar las tres impurezas que confunden al ser humano; egoísmo, acción con deseo y el maya (la ilusión, una imagen ilusoria o irreal). Muchos llevan túnicas de color azafrán, que significa que han sido bendecidos con la sangre fértil de Parvati, la consorte de Shiva.

Shiva es una divinidad ambigua, al ser destructor y transformador. En su faceta destructora, es identificado con la muerte y con el tiempo, pero como transformador, tiene aspecto reparador y benéfico. Sus devotos lo invocan con un centenar de nombres que se refieren a sus funciones o sus aspectos. En su aspecto destructor, Shiva se representa como un tigre armado de dientes, con un collar de cráneos humanos y serpientes enrolladas a cuello.

106 La caridad, el estudio, la penitencia durante una vida hacen avanzar al que los practica en la vida siguiente. *Sadhu shivaita.* *Bhaktapur, abril de 1992.*

En cambio, en su faceta fecundadora aparece con un loto y una serpiente en sus manos y tiene el tercer ojo en la frente que significa que todo lo sabe, su arma es el tridente.

Muchas veces Shiva, que personifica la energía masculina, es representado bajo la forma de *lingam* (el falo), que simboliza su función como procreador y se halla inserto en el *yoni* (vulva femenina). El *lingam* y el *yoni* representan la unión de los opuestos y la totalidad de la existencia. Shiva y Parvati, la energía masculina y la energía femenina, unidas forman el Absoluto.

El consorte de Shiva es Parvati, esposa perfecta en su aspecto benéfico pero que tiene, a su vez, un rostro feroz que se manifiesta como Kali o Durga y combate a los enemigos de Shiva. Parvati, diosa de la fecundación, es hija del Himalaya y tiene, a su vez, varios hijos entre los que destaca Ganesha, el dios con cabeza de elefante. Ganesha es una de las divinidades más veneradas en Nepal y la India, pues se le conoce como "el eliminador de obstáculos". La leyenda cuenta que Parvati le dio la vida y le pidió que guardara la puerta de la casa. Al llegar Shiva, Ganesha le impidió la entrada y éste, enfurecido, le cortó la cabeza. Cuando supo que se trataba del hijo de Parvati, mandó a sus ayudantes que le trajeran la cabeza de la primera criatura que encontrasen y estos regresaron con la de un elefante que le fue impuesta al dios cuando se le devolvió la vida. Como guardián de las puertas, su imagen se coloca en las entradas tanto de los templos como de los hogares.

En la India y Pakistán, muchas de sus grandes montañas tienen como segundo nombre Parbat, donde reside la diosa Parvati, la montañera.

*107 Sadhu Danda, tiene el cayado a su derecha y el tridente carac-
terístico y los jatha (nudos en los pelos) común en un sadhu.
Pashupatinath. Febrero de 1991.*

Los sadhus han dejado atrás todas las ataduras materiales para liberarse del mundo y unirse con la realidad divina, viven en cuevas, bosques y templos por toda la India, y llegan peregrinando hasta el sagrado templo de Pashupatinath.

Los *sadhus danda*, son de origen brahmán y grandes sabios, dicen ser los más cultos de todos. Se dedican a la meditación y conocen muy bien las sagradas escrituras. Suelen ir ataviados de un *"danda"*, un cayado de bambú del que no pueden separarse. Estos renunciantes son mantenidos por todos los ciudadanos que caritativamente les donan alimentos, que les veneran como hombres sagrados.

Hay muchas clases de sadhus. Dentro de los sadhus, los *Nagas* son los más prominentes ya que se mantienen prácticamente desnudos, cubiertos solamente con un *vibhuti* o cenizas sagradas y dejan crecer su pelo en trenzas o rastas llamados jata y las barbas enmarañadas. Suelen tener un aspecto agresivo e imponente. Destacan por su aspecto robusto. Originariamente fueron guerreros que lucharon contra las invasiones musulmanas y más tarde contra los ingleses. Suelen vivir apartados de la sociedad, en cuevas o lugares retirados en el bosque, principalmente en la zona de los Himalayas.

Los sadhus se retiran en las *akharas,* unos lugares de práctica y aprendizaje con instalaciones para alojamiento, una especie de monasterio o *sampradaya,* para renunciantes religiosos, los que empuñan el tridente de los sadhus renunciantes. Las normas fueron establecidas en el siglo VIII por el sabio Adi Shankaracharya, este estableció cuatro *maths* o centros en los cuatro extremos de la India. En estos *akharas* los sadhus aprenden el control de la mente y del cuerpo hasta ser maestros del yoga.

108 Naga en Pashupatinath. Hay que hacer constar, que los nagas suelen ir completamente desnudos.
Mayo de 2017.

109 Shadu en Pashupatinath, febrero de 1990.

110 Lingayata (seguidor del falo) en Pashupatinath, mayo de 1992.

Los sadhus generalmente pasan el primer año de su vida de renunciantes con sus gurús o maestros. Una vez que han aprendido las artes espirituales y de yoga, tienen que dejar al gurú para caminar por las calles y bosques, nunca quedándose en un solo lugar ya que creen que moverse mantiene al cuerpo en alerta, mientras que quedarse en un lugar los hace inactivos y perezosos, incompatible con la práctica de la renuncia.

En el *sanathana dharma*, el sannyasin (renunciante) es la persona de la casta brahmánica que es liberado en determinado grado de los deberes védicos de casta, siendo la *paramahansa sannyasa* la etapa de la renuncia que excluye al brahmán completamente de dichos deberes.

Abhaya-Pradana es un acto revestido de misticismo. El aspirante es despojado de sus vestiduras brahmánicas de color blanco, de su cordón de *brahmachary* y del cabello, luego se lo dejarán largo y no lo cortarán nunca más. El aspirante recita la fórmula de Renuncia y la fórmula de "no violencia" o *Abhaya-Pradana* y a continuación se aleja hacia el Norte en dirección al Kailash. Cuando regrese al encuentro de su gurú, será vestido con hábitos naranja, recibiendo un nuevo nombre del Gurú.

A los hombres que toman sannyasa, le agregan el epíteto *swami*, que significa, propietario, dueño, amo, y por extensión un maestro espiritual, brahmán o pandit (erudito) cuya única riqueza es espiritual.

Los sadhus que vemos en Pashupatinath, generalmente proceden de la India y hacen de su vida un peregrinaje a través de los principales templos del hinduismo, donde Pashupatinath es uno de ellos.

111 La tecnología se integra en todos los ámbitos de la vida. Monje budista en Boudhanath, agosto de 2007.

CAPÍTULO XVII

EL BUDISMO

El budismo es una doctrina filosófica y espiritual, que no sigue a un dios; está centrada en buscar la paz, la armonía, la tranquilidad y el equilibrio. Aun así, es considerada como una religión, guiada espiritualmente por los lamas que guardan tradiciones, creencias religiosas y prácticas espirituales atribuidas a Buda. El budismo es la cuarta religión más importante del mundo.

El brahmanismo era la fe dominante en la India al surgir el budismo en el siglo VI a.c. El fundador de esta religión, un príncipe sakya llamado Siddharta Gautama, nacido en Lumbini, en el Terai nepalés. Fue educado en el lujo de un príncipe, teniendo el primer contacto con el sufrimiento cuando a los veintinueve años salió por primera vez del palacio y se encontró con la realidad de la vida, la muerte y decidió abandonar a la familia, la mujer y un hijo y cambiar su vida por otra de ascética peregrinación. Durante cinco años, Gautama peregrinó de un lugar a otro sufriendo privaciones, buscando la solución al problema del sufrimiento. Finalmente dejó su ascetismo y un día, meditando bajo una higuera, recibió la iluminación. Llegando a la conclusión que hay que seguir el camino intermedio, rechazando los extremos del placer y del dolor. Desde ese momento, con el nombre de Buda (el iluminado) Gautama predicó una doctrina basada en las "cuatro nobles verdades" y en los "ocho senderos". Las tradiciones y corrientes del budismo, comparten el objetivo de superar el sufrimiento y el ciclo de muerte y renacimiento (*samsara*) y alcanzar el *nirvana*.

112 Monjes rezando en el Gompa de Khate Simbu.

Buda transmitió a sus discípulos los ocho senderos: *"Sufrimos, porque estamos apegados a las personas y a las cosas en un mundo donde nada es permanente. Podemos librarnos del deseo y del sufrimiento viviendo con rectas ideas, recta intención, recto hablar, recta conducta, recto sustento, recto esfuerzo, recto cuidado y recta meditación"*

Existen dos ramas principales del budismo, la del *theravada* y la del *mahayana*. Este último es el que se practica en el budismo tibetano, que conserva las enseñanzas *vajrayana* de la India del siglo VIII y se practica en Nepal y en los países de la región del Himalaya y Mongolia.

Las escuelas budistas suelen subrayar el hecho de que todas las enseñanzas están orientadas a guiar o señalar el *dharma*, es decir, la ley universal u orden cósmico. Aunque el budismo tiene un vasto número de escrituras y prácticas, el núcleo del budismo, las "Cuatro nobles verdades" y el "Noble camino óctuple", se distinguen de otras religiones por no hacer ninguna mención a dioses o veneración de deidades.

Si bien el budismo es considerado como religión no teísta, (ausencia de alusión a deidades) sí aceptan la creencia en realidades espirituales, como el renacimiento, el *karma* y la existencia de seres espirituales, pero no rinden culto a los dioses que son vistos como seres que han alcanzado la Iluminación, como los Budas, o son considerados una representación de estos.

En el primer discurso, Buda establece las bases para la comprensión de la realidad del sufrimiento y su cese. Estas bases se conocen como "las Cuatro Nobles Verdades", las cuales constatan la existencia de lo que en el budismo se llama *duḥkha*; una angustia de naturaleza existencial.

*113 Jóvenes monjes del monasterio budista de Karthe Simbu.
Katmandú, abril de 2017*

El *Saṃsara* se refiere a la teoría del renacimiento y al ciclo de la vida, una suposición fundamental del budismo, como en todas las principales religiones indias.

La liberación de este ciclo de existencia, el *nirvana*, ha sido la base y la justificación histórica más importante del budismo. El renacimiento no es visto como algo deseable. El camino budista sirve para que la persona pueda liberarse de esa cadena de causas y efectos. Si bien el individuo debe experimentar las circunstancias en las que le toca vivir, a la vez es el único responsable de lo que decida hacer frente a ellas.

En la India, la idea de reencarnación era ya parte del contexto en el que nació el budismo. Mientras la ignorancia no sea erradicada, de nuevo se repite el proceso sin fin. El camino budista busca suprimir la ignorancia y romper esta cadena, es lo que se conoce como nirvana (el cese).

Nirvaṇa literalmente significa "apagar, extinguirse". En los primeros textos budistas, es el estado de moderación y autocontrol lo que lleva al "cese" y al final de los ciclos de sufrimiento.

114 Monjes de la escuela Gelupa, del monasterio de Namche Bazar. Mayo de 2017.

CAPÍTULO XVIII

EL BUDISMO EN LAS TIERRAS ALTAS

Es sabido y fácil de comprobar la especial ubicación de los monasterios en todo el mundo. Los fundadores, buscaron emplazamientos que les permitiera rezar y concentrarse, desviando la mente de objetos sensibles y de las nociones conceptuales para alcanzar la tranquilad espiritual y el centro de la existencia. En el Himalaya, esta práctica adquiere todo su significado.

En el valle de Solokhumbu se sigue la escuela lamaísta Gelupa (Gorros Amarillos), fundada en el siglo XV proveniente de otras doctrinas. Su origen se remonta al maestro Tsong Kapa, gran sabio que promovió un renacimiento espiritual. Tiene seis monasterios principales en el Tíbet, siendo los principales el de Sera y Tashilhungpo y se destaca por su sistema de reencarnación del Dalai Lama y el Panchen Lama, pudiéndose considerar la iglesia oficial tibetana.

La escuela de los Gorros rojos o Nyingmapa, denominada así por los gorros rojos que usan los monjes, fue fundada en el siglo VIII y es considerada la más antigua de todas, pues recibió el legado de los primeros introductores del budismo provenientes de la India. Desde su fundación se ha mantenido en las áreas del Tíbet, pero también ha encontrado difusión en India, Bután y Nepal.

A pesar de sus diferencias, el punto de unión de estas diversas formas de la doctrina budista *mahayana* es su veneración hacia los *bodhisatvas*, seres que habiendo alcanzado el estado de perfección espiritual renuncian al merecido premio del *nirvana* para poder asistir a la humanidad en el camino hacia la liberación. Seres a los que miles de devotos budistas profesan una profunda veneración →

115 Ceremonia budista en Khunde. 2017

El lamaísmo fue introducido en Solokhumbu por Sanwga Dorje, el quinto y más famoso de los lamas del monasterio de Romgbuk, al otro lado del Everest, en el Tíbet, llegando a través de los pasos de montaña.

Los *gompas* más antiguos se construyeron por iniciativa de los líderes religiosos de la época. Los tres primeros fueron fundados a mediados del siglo XVII por tres hermanos lama que formaban parte de la tercera generación de sherpas establecidos en el Khumbu: Sangwa Dorje construyó el de Pangboche, Ralpa Dorje el de Thame y Khenpo Dorje el de Rimijung.

En el centro del pueblo de Pangboche se encuentra el Pal Rilbu Gompa (4.012 m) fue fundado en 1667. Hoy en día (2023) sólo vive un lama que se encarga del mantenimiento y facilita las visitas en el exhibe un supuesto cráneo de un yeti. Hasta el final de los años 1950 también exhibió una supuesta mano de un yeti, que desapareció en circunstancias no aclaradas.

En Thame se encuentra el Gompa Dechen Chokhorling (3.995 m). Este es otro de los tres primeros monasterios del Khumbu y muy importante para los sherpas. Está construido bajo unos riscos sobre el pueblo de Thame. Viven unos 30 *bhikchhus* (monjes). El terremoto de 2015 lo dañó considerablemente, pero lo han reconstruido por completo. Las fiestas de *Mani Rimdu* (mayo-junio) y *Dumje* (junio-julio) que se celebran en este monasterio son muy populares para el pueblo sherpa ya que son poco turísticas y las sienten más suyas.

116 Novicio del monasterio Rimijung. Abril de 2023.

En Rimijung se encuentra el *Gompa* Pema Chholing (2.865 m), sobre el pueblo de Phakding y es el tercero de los monasterios más antiguos de la zona. Después del terremoto de 2015, también quedó muy dañado y fue completamente reconstruido a principios de 2019, gracias a las numerosas donaciones que se recibieron del extranjero. En su larga historia ha pasado por muchas vicisitudes. En el año 2023 lo habitaban una treintena de *bhikchhus (*monjes*)*.

Un poco más arriba del Pema Chholing se encuentra el Thaktyo Dorje Photang Tekhongma Gompa (2.931 m), que se terminó de construir a principios de 2020 y se encarga un lama de su mantenimiento.

Otro de los monasterios que destaca en el valle de Khumbu es el Thyangche Dongak Thakchok Chholing, que es como se llama este monasterio de Temgboche, está situado a 3.884 m. Es sin duda el más conocido de toda la zona porque se encuentra en el camino del Everest y es una parada habitual ya sea de subida o de bajada de trekker y expedicionarios. En este monasterio se celebra en noviembre el festival Mani Rimdu, que se ha convertido en una gran atracción turística. El actual monasterio fue construido a principios de los años noventa del siglo pasado, bajo el impulso del Lama Gulu, sobre una cresta rodeado de bosques y una vista espectacular de todas las montañas, abarca desde Namche Bazar hasta el circo del Everest. En 1933, un fuerte terremoto lo destruyó y en 1989 un incendio lo arrasó. En ambos casos se reconstruyó inmediatamente gracias al trabajo y las aportaciones de los sherpas y en el caso del incendio, también con la ayuda de instituciones internacionales. Actualmente viven unos cuarenta *bhikchhus* (monjes).

→

117 Construcción de un chorten derruido por el terremoto de 2015 en Khunde. Mayo de 2017

El budismo tibetano, ha ejercido una influencia significativa en la fe budista de los sherpas y en Namche Bazar la capital de los sherpas, se encuentra el Namche Gompa (3.450 m), construido a principios del siglo XVIII. Debido a las dificultades económicas de la época, cayó en desuso. En 1905 se reformó y desde entonces se mantiene en muy buen estado. Solo vive de forma permanente un lama que se encarga de tareas de mantenimiento y atiende a las visitas.

La comunidad sherpa de Namche lo utiliza, además de las actividades religiosas, como lugar de encuentro para actividades sociales.

En el valle de Solokhumbu existen veinticuatro monasterios que se encuentran en los pueblos de Kharikhola, Pangom, Bupsa, Chaurikharka, Lukla, Chheplung, Rimijung, Monjo, Namche Bazar, Khumjung, Khunde, Phortse, Pangboche, Debuche, Tengboche, Thamo y Thame.

En el pueblo de Khumjung, se encuentra el Samten Chholing Gompa (3.790 m). Este monasterio fue fundado en 1831, está edificado en el centro del pueblo. Aunque no vive nadie, se puede visitar y es conocido por exhibirse un supuesto cráneo de yeti.

En Khunde, se encuentra el monasterio Tsam Kham Gompa (3.900 m), fundado en 1972, está situado en la parte alta del pueblo. Actualmente viven una docena de *bhikchhus*.

En Tamo, el *Gompa* de Chhyarok (3.961 m), está situado bajo una roca, donde sólo vive una *ani*, de cerca de noventa años (2023). Es costumbre de los Sherpas, visitar a la *ani* para pedirle su bendición y preguntarle por los augurios antes de ir en una expedición. Si los augurios son malos, la mayoría de ellos renuncian a participar en la empresa.

118 Anis del monasterio de Khari Dhogan Ganden Tenpheling en *Thamo, camino de Namche Bazar.*
Abril de 2023.

También en Tamo, se encuentra el *Gompa* de Khari Dhogan Ganden Tenpheling (3.550 m), es un monasterio de *anis* situado en la parte alta del pueblo y para llegar caminando hay que subir una fuerte pendiente, salvando un desnivel de 300 m. Fue fundado por Khari Rinpoche Lobsang Tsultrim en 1962. Después de su muerte en el año 1970, el monasterio entró en un período de decadencia hasta 2002, fecha en la que, a petición del Dalai Lama, el Lama Tenzin Yonten construyó el magnífico monasterio actual, donde viven treinta *anis*.

Las *anis* son las monjas budistas que siguen la tradición del budismo tibetano. Buda admitió a las mujeres en la orden, estableciendo una serie de reglas para ellas. Entonces las llamaron bhikkhuni, pero el linaje se extinguió dentro de budismo Theravada. Actualmente las monjas que se entregan a la vida monástica se llaman *anis* y su posición es inferior dentro de la organización de los monjes ordenados que viven de acuerdo con los antiguos códigos monásticos

Con la cantidad de monasterios citados, puede comprenderse, la actitud de los sherpas y su interés por la religión. Tradicionalmente la fuerza y control de la sociedad viene del deseo individual de cumplir con lo que se espera del individuo y evitar la humillación y actos vergonzosos. Los sherpas no juzgan o castigan, creen que una persona recibirá un castigo justo por sus malas acciones en la siguiente reencarnación. En estas situaciones, el culpable a menudo elige dejar el área evitando cualquier problema y que se vea apartado de su sociedad.

Esta visión del mundo ha hecho de ellos en general, un pueblo pacífico, amable y poco conflictivo.

EPÍLOGO

Detrás de cada mirada hay una persona integrada en una sociedad. Las sociedades son el producto de su historia y de su cultura y Nepal tiene una rica cultura y larga historia. Las fotografías del libro dan pie a muchos comentarios, lugares en las que fueron tomadas, experiencias del autor en los momentos de la instantánea y muchos temas más. Se ha intentado resumir en estas páginas aspectos de la sociedad de Nepal, aunque han quedado muchas cosas en el tintero, porque no he querido que fuese un libro de fotografías al uso, he intentado transmitir algo más. Nepal es muy rico y complejo y merecía ahondar en su variopinto tejido étnico.

Para un extranjero no es fácil, nos solemos quedar con lo que observamos en la superficie, entre otras cosas porque no dominamos los diferentes idiomas y nos tenemos que servir de amigos locales o traductores. Aún con estas dificultades he tratado de ser honesto y no escribir más de lo observado o escuchado a mis amigos, como Ujjal y Anjjeli Tamrakar y de Chowang Rinjee Sherpa, a través de su yerno Josep Mombrio, que ha vivido en Katmandú y en el valle de Solokhumbu y es un investigador minucioso de la sociedad sherpa en particular. Agradezco a Ujjal Tamrakar las respuestas a las numerosas consultas y a la revisión del manuscrito del libro y que me haya hecho partícipe de su conocimiento.

AGRADECIMIENTOS

Quiero expresar mi más profundo agradecimiento a los amigos nepalíes que me acercaron a su cultura y forma de vivir.

Especialmente a Ujjal Tamrakar, un amigo entrañable que es una muestra de la capacidad de los nepalíes para adaptarse a cualquier situación y con una facultad sorprendente para aprender. A Amjali Tamrakar, que me acercó al conocimiento de la cocina nepalí, y como experta cocinera me descubrió los sabores del Indostán. También quiero agradecer el cariño con el que me acogió toda la familia Tamrakar y a Ambrita, disfrutando de su compañía y afecto en diferentes momentos a lo largo de treinta años.

A Chowang Rinjee Sherpa y a toda su familia, su amabilidad y compañía me han brindado los mejores momentos en las montañas de Nepal.

A Josep Mombrió, sus conocimientos sobre el pueblo sherpa es difícil de igualar, está casado con Nima Sherpa y ha vivido varios años tanto en Namche Bazar como en Katmandú. Él ha sido una fuente importante de conocimiento y también un buen amigo en la distancia.

GLOSARIO DE TÉRMINOS NEPALÍES

Aarti: Es un ritual religioso hindú en el que se realiza una puja, en el que se ofrece luz a una o más deidades. La ceremonia Aarti se realiza al atardecer, el fuego acompañado del sonido de las campanas, los tambores y las canciones devocionales crean una atmósfera emotiva.

Ani: Monja budista.

Bhatti: Restaurante local abierto generalmente a la calle.

Betel: Mezcla estimulante de nuez de araca y lima, envuelta en una hoja de betel que se mastica y es muy popular en todo el sur de Asia.

Bharia: Porteador.

Bhikchhus: Monjes.

Bhotia: Habitantes de las montañas, emigrados del Tíbet.

Bodhi: Ficus religioso bajo el que buda se sentó cuando alcanzó la iluminación.

Brahmán: Es el miembro de la casta sacerdotal más importante de las tres castas superiores que existen según las leyes de Manu y la conforman los sacerdotes y los asesores del rey.

Buda: El creador del budismo.

Chaityas: Capillas de piedra que contienen *lingas*.

Chhetri: La segunda casta de hindúes de Nepal.

Chitrakar: Casta newar de artistas.

Chorten: Relicarios, santuarios tibetanos construidos junto a la tumba de un santo lama.

Chowk: Patios interiores.

Dairako Bhari: Carga de leña.

Dalits: Casta baja también conocidos como intocables.

Desi dasi: Criada nativa

Devi o Maha Devi: La gran diosa Shakti o Parvati. Esposa de Shiva en sus múltiples formas.

Dhami: Adivino y también sacerdote de un templo, que pretende tener poderes adivinatorios.

Dharma: Doctrina budista. El sendero.

Dhoti: Especie de pantalón corto suelto y enrollado en la cintura.

Dhunga Katne: Picapedrero.

Dhunghe dhara: Fuente pública.

Doko: Cesta llevada a menudo sobre la cabeza mediante una correa.

Dupatta: Velo o chal.

Dusala: Chal.

Durbar: Conjunto de palacios y templos.

Gautama Buda: El buda histórico nacido en Lumbini en el siglo VI a.C.

Gelupa: Secta tibetana de los gorros amarillos.

Ghats: Escaleras situadas junto a un río, en las que se celebran cremaciones se conocen como "Ghats crematorios"

Gompa: Monasterio tibetano

Jatha: Nudos en los pelos de un sadhu en Pashupatinath.

Jyapus: Labradores.

Jyotirlinga: Santuarios fálicos.

Kamalari: sistema por el cual se paga una deuda con años de servicio doméstico.

Kameez: blusa o camisa larga.

Karma: Ley budista e hindú de la causa y efecto, que se prolonga de una vida a otra.

Khola: Río.

Kirati: Pueblo antiguo de Nepal.

Kirtan: Espectáculo musical, vocal e instrumental de carácter sagrado.

Kora: Circunvalación de un lugar sagrado.

Kumari: Joven virgen considerada como una diosa viviente en las ciudades del valle de Katmandú.

Lama: Sacerdote budista.

Linga: Falo simbólico asociado a Shiva.

Lingayata: Seguidores del falo.

Magar: Campesino de las montañas del centro y oeste de Nepal.

Mahayana: Forma de budismo que prevalecen el este de Asia, Tíbet y Nepal.

Mandala: Representación cósmica simbólica espiritual.

Mani: Oración budista tibetana inscrita en rocas de las áreas montañosas.

Manu: Fue un sabio que vivió alrededor del siglo III a.C. que dictó las famosas leyes de la religión hinduista.

Munja: Hilo sagrado que llevan los varones brahmanes y chatrias desde la pubertad.

Naga: serpiente legendaria divinizada.

Nath: Lugar.

Newar: Etnia que habita en el valle de Katmandú.

Nirvana: Paz máxima y fin del ciclo del renacimiento.

Paan: Hoja de Betel masticada con especias, con efectos narcóticos.

Panchayat: Gobierno ejercido por el concejo comunal.

Pandit: Hombre cultivado, experto en sánscrito, filosofía, religión y jurisprudencia.

Paniko gada: Cántaro.

Parvati: Consorte de Shiva.

Pashupati: Shiva como señor de los animales.

Patasi: Prenda de vestir parecida al sari, especialmente popular en Bhaktapur.

Puja: Ofrenda ritual a los dioses.

Sadhu: Ascetas que elige la penitencia y la austeridad buscando la iluminación.

Salwar: Pantalones anchos llevados por ambos sexos.

Sanatana dharma: la tradición eterna, heredera de una revelación original: el Veda.

Sanyasín: Asceta (renunciante) de la casta brahmánica que es liberado en determinado grado de los deberes védicos de casta.

Sarki: zapatero ambulante.

Satí: Antigua práctica de inmolar a las viudas sobre las piras funerarias.

Shakti: Energía femenina del dios Shiva.

Shikhara: Templo de ladrillo o piedra de forma geométrica, con un alto chapitel central.

Shiva: El más terrible de los dioses hindúes. Destruye todas las cosas buenas y malas, permitiendo que tomen forma nuevas creaciones.

Shrestha: Casta newar de comerciantes.

Sindur: Nombre que recibe la línea del cabello pintada con bermellón, distintivo de las mujeres casadas.

Sivalayas Santuarios de Shiva.

Sudra: Casta hindú inferior.

Sundhara: Fuente con caño dorado.

Terai: Región de las tierras bajas de Nepal.

Thakalis: Comerciantes del curso superior del Kali Gandaki.

Thakuri: Alta casta hindú.

Tharu: Nativo de la región del Terai.

Tika: Polvo de bermellón de vivo color que los hindúes se ponen en la frente entre los ojos como símbolo de la presencia de lo divino.

Tokari: Cesta pequeña de porteador.

Trisul: Tridente, símbolo principal del dios Shiva.

Vaisya: Casta de comerciantes y labradores.

Varna: Sistema de castas.

Vedas: Los más antiguos versos religiosos brahamanistas, que datan del segundo milenio antes de Cristo y definen una fe politeísta.

Visnú: Dios de la trimurti hindú, que preserva la vida y el mundo. En Nepal suele ser representado como Narayan.

Printed in Great Britain
by Amazon

32151767R00116